镜头里的世

北

BEIJI

UNIV

CONTENTS

序 言

Preface

新东方教育科技集团董事长
俞敏洪

在玩中将工作做到极致

我和老周认识于38年前（对于90后来说，这几乎属于恐龙时代般久远的过去）。那一年是1979年，我们俩都高考落榜了。在那年的十月份，我们同时出现在江阴第一中学的高考补习班里。这个补习班是专门为外语高考落榜生开设的，40个来自全县各地的学生聚集到这个班里。我和周成刚同时成为班干部，我因为落榜两次被老师认为心理承受能力强而成为班长，周成刚因为在落榜生中英语分数最好而成为英语课代表。

在我们这个班里，每一个人都特别努力，没日没夜地学习。班里分成两派人，一派是农村孩子，一派是城市孩子。两派人平时混得很好，但总有点区别，农村孩子总觉得城市孩子高大上，城市孩子总觉得农村孩子有点土。我在两派孩子中混得都不错，以周成刚为首的城市孩子也把我当作他们中的一员对待。在班里，我算是能够把大家融合到一起的人物。

很难把现在的老周和17岁时候的周成刚放在一起比较。那个时候的周成刚看上去还没有长开，单薄瘦小，和现在“老帅哥”的形象相去甚远。在我们补习的九个月中，男女同学之间还发生了几起若隐若现的早恋，多半是女生写信追求男生，但没有一个女生写信给周成刚。现在的老周到哪里都是迷倒一片女生，相比当初，真是不可同日而语。只能说人是会改变的，要不变得更好，要不变得更差。老周明显变得更好了，充分体现了成熟男人的才华和魅力。

说到才华，老周在补习班的时候就崭露头角了。他的英语成绩一直是全班最好的，他的高考英语成绩也比我高好几分（他97分，我93.5分）。高考录取的时候，本来他应该进外交学院，但政治审查没有通过（不是他自己有问题，是家庭出身的缘故），结果他就到了苏州大学（当时叫江苏师范学院）。这算是他命运的一个转折点，否则现在他不会是新东方的CEO，而应该是中国驻某个国家的大使（补习班的另外一个同学后来上了外交学院，现在就在加勒比海的某个岛国当大使）。

老周在补习班还表现出了他对体育的兴趣，超过了对学习的兴趣，每天都要忽悠大家打篮球和乒乓球。我们农村孩子不太会打，也不想浪费宝贵的复习时间，结果就常常看到周成刚一个人在尘土飞扬的篮球场上来回运球。到今天，老周的篮球水平和乒乓球水平也不是一般人能比的（据说在苏州大学，他把大把时间用在了打篮球和乒乓球上，并且由于身体开始发育变得健壮而吸引了一大堆女生）。老周不光自己打篮球，还鼓励自己的孩子打篮球。孩子更是不负期望，在美国读大学时当上了学校的篮球队长。

说到摄影，尽管当年我们上补习班的时候还不流行拍照，个人拥有相机的也很少，但我在补习班期间唯一的一张照片就是和周成刚的合影。当然，我们是去照相馆照的，照片下面还有楷体的“曙光照相”几个字。他什么时候拥有了第一台照相机我不知道，但等到 2000 年他从 BBC 辞职加盟新东方的时候，带回来两个包包中的一个就装了台不错的相机。在摄影方面我是个外行，到今天也只习惯用傻瓜相机或手机拍摄，但老周今天的摄影装备完全是专业级别的了。有一次我女儿说要学摄影，想看看摄影设备，结果老周拎来的摄影设备几乎摆了一桌子，我心想这家伙真能玩。

每年再忙，老周都要拿出一定的时间，和发烧友一起去摄影。在肯尼亚，他为了拍摄一张角马过河的照片，在非洲草原的烈日下苦等了几天（也不怕被狮子吃掉）。那张河水中万马奔腾的照片也成了他的经典作品之一，老周将它裱好了送给我，一直挂在我的办公室里。有一年我打算去南极，老周听说了很兴奋，说想到南极去拍照，结果我干脆把票让给了他（心疼得很，一张票几十万呢），结果就有了老周举着新东方的旗帜站在南极点上的照片。

新东方的工作毕竟很忙，我天天在办公室趴着，老周自然也不好意思整天背着相机出去游山玩水，于是他“挖空心思”想出了把工作和摄影结合起来的办法——新东方“探寻世界名校之旅”横空出世。这个活动由老周发起，自 2013 年至今，他们已经探访了北美、欧洲、亚洲、大洋洲的上百所名校。这一活动既弘扬了新东方在留学领域的品牌和权威，也让成千上万的中国学生深度了解了世界各国的著名学府和留学生的真实生活，同时还让老周发挥了他的摄影特长，把许多非常珍贵的大学照片带回了中国。说实话，拍风光和人像的人很多，但用整整五年的时间，专心用自己的镜头去记录世界名校，这样的人很少，这些照片也就变得更加难能可贵。用玩的方法把工作做到极致，也只有老周有这个能耐了。

于是就有了现在这本摄影集。有一次我跟老周说，我们退休后，要一起环游世界，我负责写文字，他负责拍照片。结果现在他的照片出来了，我的文字还在爪哇国里。好在老周的照片自己就能够说话，你一眼看过去就知道图片想要表达的意义。对于老周的审美和瞬间抓取事物某个角度以表达情感的能力，我只有在一边鼓掌赞叹的份儿，尽管有的时候心里也会犯嘀咕，他的那份潇洒我怎么就没有，怎么就学不会呢，懊恼得很。

我曾经有一个理论，就是人生的精彩是玩出来的。人生苦短，不要老是抱着吃苦的心态来看待自己的工作和生活。老周的精彩，在于他常常能够用相对轻松的姿态，来对待生活和工作中的各种困境和难题。进退有据，花开花落，气质中带有一份天然的洒脱，一种拿得起放得下的神气。在我被生活和工作弄得苦不堪言的时候，老周一直是我身边的最佳榜样。

感谢老周，尽管我当年在补习班当班长，如今在新东方当董事长，但你不知道的是，你一直是我人生羡慕的对象。希望我也能够拥有你那份对于工作的举重若轻，对于人生的云卷云舒。

自序

Preface

新东方教育科技集团 CEO
新东方前途出国咨询有限公司总裁
周成刚

我的名校梦

我相信大部分人都有自己追逐的梦。梦可大可小，可虚可实，也可远可近。从小到大，我也有过不少梦，有的梦成真了，有的梦破碎了，有的梦遗忘了。只有我的名校梦，这么多年始终未变。

1977 年中国恢复高考，我渴望上北大或者清华，那是中国的名校。可谁都知道，上名校并非易事，我不是什么学霸，从小调皮捣蛋，老师上门不是告状就是揭短，高考也是连考三年，才算咸鱼翻身，进了苏州大学。1980 年，我在高考中取得了不错的英语成绩，原本可以进更“时髦”的外交学院，老师和家人也鼓励我未来去做职业外交官。我兴高采烈，把外交学院填入我的第一志愿。万万没想到，报考外交学院需要极高的政治条件，我的家庭成分是中农不是贫农，这直接导致我在政审中被淘汰。说来好笑，我进大学时还不是共青团员，政治差距显然太大，外交官梦就此被拦腰斩断，和北大清华自然也就更无缘了。

母校苏州大学很好，但我总觉得它和顶尖名校还有差距。看着高考复读班里很多同学都去了北大、北外，我的心里酸溜溜的。但我勉励自己还年轻，只要继续努力，未来总有机会。大学毕业时，我因为成绩优异得以留校任教。教书的那几年里，我也想过通过考研来实现我的名校梦。遗憾的是，考英语专业的研究生都要考第二外语，我的二外是俄语，学得也不好。国内考研这条路走不通，我的名校梦随之搁浅。

到了 20 世纪 90 年代，出国热潮来临，很多同学有了新的机会，通过自己的努力争取到国外大学的奖学金出国留学，我也很庆幸自己是学英语出身的。当时最热门的留学目的国是美国，原因是美国大学给国际学生提供了不少奖学金名额。当时，去美国留学的绝大部分中国学生都通过考取托福或 GRE 的高分成功拿到签证。我原以为自己是英语专业的，在英语考试方面肯定有优势，没想到 GRE 考试里的数学题竟成了我的拦路虎（顺便说一句，这可是现在很多中国学生得满分的项目）。我无奈只能退而求其次，放弃美国去不需要 GRE 成绩的澳大利亚留学。

到澳大利亚留学的信息更少，我便跟着熟识的同学去了悉尼的麦考瑞大学，攻读国际传播学。麦考瑞大学是一所二战后创建的现代大学，科研和创新能力都可圈可点。学校也很务实，并且关注市场需求和学生的就业。尽管如此，我总觉得母校和世界名校还有一步之遥，还是有点不甘心。我暗下决心，默默用功，希望再找机会用自己的努力去追赶那些名校生，收获和他们一样的机会，取得一样的职业发展。

1998年研究生毕业，机会终于来临，我以优异的成绩考入英国广播公司（BBC）做记者，拿到了令许多留学生羡慕的工作机会。英国的名校更多了，伦敦商学院、圣马丁艺术学院、帝国理工大学，以及和我办公室仅有一街之隔的伦敦政治经济学院，离伦敦不远的牛津大学和剑桥大学更是如雷贯耳。这些学校历史悠久，名人辈出，是真正的世界名校，也是很多人的dream school。只可惜当时我刚拿到BBC的职位，工作和养家的压力都很大，想先稳定工作，以后再找机会去冲刺名校的博士学位。于是，名校便成了我在英国每天上下班路上的一道道过眼风景。

2000年，我辞职回国加盟新东方。回国后一头扎进工作，天天忙着管理和上课，帮助学生去追寻自己的梦想。看着一批批的学生通过努力走进了世界各地的名校，我自己也再次开始思考是否应该抓住这最后的机会，和他们一样去完成自己总是牵挂的名校梦，进一步提升自己，为更好的职业发展做好铺垫。真是人在江湖，身不由己，当时新东方正忙着去美国上市，我也忙着做业绩，根本无暇顾及其他。原以为公司上市后自己就可以悠闲一点，没想到上市后压力更大，加上这几年的行业竞争和市场变化，我和新东方一起也走到了教育行业的风口浪尖。名校梦似乎离我越来越远了。

时间过得真快，我伴着我的名校梦已经匆匆走过了30个年头，从青少年走进成熟的中年。虽然苏州大学不是顶尖名校，但留校任教十年给了我不少实实在在的磨砺，让我养成了读书的习惯，也为我打下了更加扎实的中英文基础，使我在澳大利亚留学时变得更加从容和坚定。这段留学生活为我赢得了去BBC做记者的机会，伦敦的工作经历又提升了我的职业生涯，开阔了我的眼界，这样的背景又帮助我在新东方找到了自己的位置，实现了更好的自我发展。我今天的这份背景，也许依然不够我去申请哈佛大学或者剑桥大学的教育管理学博士学位，但我相信，这份经历一定会为我的申请增添一份筹码，让我有了更加靠近世界名校的实力和可能。

我深谙名校的魅力，名校的光环，名校给人带来的机会，名校那让人一往情深的召唤。回顾自己走过的历程，我似乎也慢慢明白了，名校不是我们唯一的目的，很多人会因为机遇、时代、能力的不同，认知的先后或价值观的差异和名校擦肩而过。我也终于明白，生活中的许多梦想其实不是用来实现的，而是用来靠近的，就像是远处的一座灯塔，闪闪烁烁，指引着我们不断前行，而前行途中看到的风景、遇上的风浪和学到的本领才是我们最重要的收获！

我坚信，只有胸怀世界的人，才能引领这个世界。

——周成刚

CHAPTER 1 第一章

美国

2013 年 9 月，
探寻美国名校之旅。
自西向东，
探秘心向往之的留学圣地。

全球化正在不断深入，世界公民意识是每一个年轻人都应该具备的意识和格局。今天，中国的孩子跟世界各国的孩子在同一个舞台上竞争。如果我们希望他们能够出类拔萃、能够有更大的担当，唯有用优质的教育将我们的孩子培养成真正的世界公民！

扫描二维码
观看探寻美国名校之旅纪录片

旧金山金门大桥

耶鲁大学
Yale University

位于康涅狄格州纽黑文市的耶鲁大学，是美国历史上建立的第三所高等学府，也是常春藤盟校成员之一，校园风光秀丽，古朴宁静。与很多美国大学一样，耶鲁大学本科提倡通才教育，以保证毕业生拥有广博的知识面和多维度看问题的视野。耶鲁大学教学与科研实力很强且鼓励创新，培养出了众多领袖人物，美国前总统克林顿和其夫人希拉里就是在这里读书时相识的。

Lux et veritas.
光明与真理。
——耶鲁大学校训

菲尔普斯拱门，耶鲁大学标志性入口，从拱门穿过，便是耶鲁大学的老校区。

耶鲁纪念馆

耶鲁纪念馆是为了纪念在第一次世界大战中牺牲的耶鲁校友而建。左图为纪念馆门口的石碑。

校园草坪上的耶鲁课堂

哈克尼斯钟楼

这是一座具有两百多年历史的哥特式建筑，至今仍然保存完好，且钟楼上大钟的时间一直准确无误。有意思的是，据说钟楼的设计者詹姆斯·罗杰斯为了让它看起来更有沧桑感，爬到塔顶亲自泼下硫酸，使得斑驳的石壁呈现出老旧的感觉。耶鲁大学校园里面有很多哥特式建筑，且许多都是人工仿古做旧的，也许这样的沧桑感更能凸显学校厚重的气质。

Celebrating
50 years

耶鲁大学拜内克珍本与手稿图书馆

人类文明的珍宝盒
——耶鲁大学拜内克珍本与手稿图书馆

这几年我每年都带队去国外搞一次名校穿越活动，从新西兰到美国，从英国到澳大利亚和加拿大。穿越过程中我参观过不少中学和大学图书馆，也常常为它们或古朴或现代的建筑以及丰富藏书而啧啧称羡，其中最特别也最令我难忘的是耶鲁大学的拜内克珍本与手稿图书馆。

1918 年，约翰·威廉·斯特林给耶鲁大学捐赠了一大笔钱，用来建造斯特林纪念图书馆。由于捐赠的钱只能建楼不能买书，耶鲁一位叫昌西·布鲁斯特·廷克的教授号召耶鲁校友捐出自己收藏的古籍和珍本，为新建的图书馆增光添彩。校友们纷纷行动起来，捐赠的图书中就包括后来成为镇馆之宝的《谷登堡圣经》等。到 1958 年，耶鲁大学收藏的珍本、善本及手稿已经多达 13 万册，原来的斯特林纪念图书馆已经无法容纳日益增多的藏书，于是，捐赠过多种珍本的拜内克家族决定再捐钱建造一座专门用来收藏珍本和手稿的图书馆，拜内克珍本与手稿图书馆由此而来。

拜内克珍本与手稿图书馆在耶鲁大学的多个图书馆中别具特色，它是当今世界上最大的专门保存稀有书籍和手稿的图书馆，现在藏有约一百万册的珍本书及数以百万计的手稿。该馆竣工于 1963 年，由普利策建筑奖获得者戈登·邦沙夫特设计。图书馆是一栋长方体建筑，底部有四根大柱子支撑，整栋建筑的外墙上没有窗户，外立面由产自佛蒙特州的大理石板镶嵌而成。白天，柔和的日光能透过薄薄的大理石墙照进来，同时又能让室内的古籍免遭阳光的直射。夜晚，在馆内灯光的照射下，图书馆的外墙会呈现出琥珀色的光芒，看上去像一个珍贵神奇的珠宝盒。

图书馆分为上下两部分，地上部分是大厅和阅览室，上层是书库。书库共分六层，每层设七格书架，外罩一层玻璃幕墙。这里的所有书籍均可借阅，但只限于馆内阅读。在这里，你可以看到牛顿在耶鲁大学建校初期亲自赠予的巨著《自然哲学的数学原理》，你可以看到第一个毕业于耶鲁大学的中国留学生容闳的手书，你可以从纸莎草和羊皮纸上触摸到一个个生动的历史故事。

拜内克珍本与手稿图书馆的镇馆之宝是《谷登堡圣经》，目前仅存世 48 本，全书 1282 页，分上下两册。15 世纪 50 年代，约翰内斯·谷登堡在德国美因茨排印的这本拉丁文圣经，被公认为是西方活字印刷的第一本书。此外，该馆还收藏了享有“世界上最神秘的书”之美称的《伏尼契

拜内克珍本与手稿图书馆的镇馆之宝《谷登堡圣经》

手稿》。1912 年，美国珍本书商威尔弗雷德·伏尼契发现了此书。经测定，这本书大概写于 15 世纪早期，现存约 240 页，以奇特的字母写成，有星体、植物和裸女等装饰插图，不同于我们目前已知的任何语言，至今无人能够破译。

拜内克珍本与手稿图书馆向耶鲁大学的学生和老师开放，外部研究人员因科研需要也可以使用。但因为这些馆藏图书往往都是无价之宝，在馆内借阅图书的人必须严格遵守相关的借阅规定。可能也正是因为这些书籍的不凡身世，总有一些书迷和书商觊觎这些珍宝。2005 年，一名古董商携带刀片进馆偷窃古籍中的地图，因为不小心将刀片掉落在地，偷书丑事由此败露，他也因此被送进大牢。从此以后，图书馆的保安措施也变得愈发严格。今天，任何读者的借阅过程都有摄像头严格监控，确保万无一失。图书馆的防火措施也体现了该馆的良苦用心：一旦火警响起，收藏珍本和手稿的中央玻璃藏书室将会通过高科技设施迅速变成真空状态，确保这些书籍免受火灾。

看到这里，你是不是也有了去朝拜的冲动？拜内克珍本与手稿图书馆欢迎世界各国的游客前去参观访问。说不定你也会被这样一座人类知识的珍宝盒所感动，和耶鲁校友一样，愿意把自己珍藏的古籍或手稿捐出来，和所有的爱书人分享你的骄傲。不过我要告诉你，你捐赠的图书或手稿即使已被拜内克珍本与手稿图书馆接受，也要先接受一项特殊的考验——在零下 36 摄氏度的冷冻室里接受长达三天的杀蛀虫“酷刑”，之后方可“登堂入室”。

耶鲁走出了美国历史上第一位间谍

耶鲁大学出过很多著名校友，有总统、科学家和艺术家，美国历史上第一位间谍也出在耶鲁，名叫内森·黑尔，他的故事还收录在我国中学生的英语课本里。1773 年，黑尔从耶鲁大学毕业后，在康涅狄格州教书。独立战争爆发后，充满一腔爱国热情的他参加了北美人民组建的大陆军。由于受到英军的攻击，大陆军被迫撤退。当时的大陆军统帅乔治·华盛顿急需了解英军的军力和部署，为此需要派遣一名间谍打入英军控制区刺探军情。黑尔主动请缨，并把这次任务看作是自己应尽的爱国责任。1776 年 9 月，他离开营地，乔装成一名荷兰教师潜入敌后，但在执行任务时不幸被俘。在被英军送上绞刑架前，黑尔留下了一句掷地有声的名言："我唯一的遗憾，是我只有一次生命献给我的祖国。（I only regret that I have but one life to lose for my country.）"

留学最大的收获是什么?

出国留学在中国已然成为一种潮流，这其中的付出和收获也不禁令人深思。那么，留学的经历究竟能给我们带来什么回报呢?

留学是人生中的一件大事，需要投入很多时间、精力、行动、决心和不小的费用，同时，孩子留学的成功与否关系到他自己和整个家庭的未来。正是因为这个决定至关重要，我们在决策过程中难免会掂量一下这个决定值不值得、性价比高不高。

首先，世界正在进一步地走向全球化，我们的孩子自然也需要国际化，留学是走向国际化的一条重要途径。我们国家大部分人的留学目的国是欧美或亚洲的发达国家，选择这些国家是因为它们代表了世界的先进生产力，简单点说，就是它们在很多方面做得比我们好，值得我们去学习。其次，留学是我们传统教育概念的延伸，虽然地域发生变化，读书的宗旨始终没变，所以我们飞渡重洋、负笈海外是为了通过教育改变自己的命运。再次，我们到不同文化、语言、社会习惯的异国他乡去学习和拼搏，会收获能力的提升、知识的更新、眼界的开阔和生命的丰富。同时我想强调的是，因为留学，我们更容易成为跨语言、跨文化、跨区域、跨学科的复合型人才，这样的人才更加符合21世纪的市场竞争需求，相较而言也更容易赢得机会。

网上曾经流传这样一段话：“很多人都会问我出国五年到底学到了什么，收获了什么。我告诉你们，最重要的不是英语，不是文凭，对我而言就两样东西：一是把我放到任何国家，任何我谁都不认识的地方，我都能生存下去的能力；二是名车豪宅已动摇不了我愿意每天坐公车去追求简单梦想的平淡心态。而我认为这两样足以让我受益终身。” 这也是留学带给我的最大收获。

麻省理工学院

Massachusetts Institute of Technology

麻省理工学院坐落于马萨诸塞州剑桥市（大波士顿地区），是全球高科技和高等研究的先驱领导大学。学校的物理科学及工程学在世界上享有极佳的声誉，管理学、经济学、哲学、政治学、语言学也同样优秀。该校可与哈佛大学通选课程，不过因为课程难度差异，选修更容易通过的哈佛课程的学生更多一些。

Mens et manus.
理论与实践并重。
——麻省理工学院校训

克雷斯吉礼堂

此建筑的设计初衷是希望作为麻省理工学院的交流平台，成为其校园文化、社会属性和精神内核的一部分。1956 年，美国著名建筑杂志《建筑实录》将克雷斯吉礼堂评为“百年最显赫建筑”第十五名。2008 年，该礼堂还被列为波士顿十大建筑之一。

承载无限想象力的大穹顶

麦克劳伦大圆顶是由麻省理工学院毕业生威廉·伯斯沃茨以哥伦比亚大学洛氏图书馆为原型建造的仿罗马万神殿式建筑。麻省理工学院学生以善于恶作剧而闻名世界。1994年的某一天，学生们将一辆警车“停”在了穹顶之上，自此以后，学生们几乎每年都会在穹顶上展现自己天马行空的想象力，某天穹顶上可能出现一个电话亭，毕业典礼那天可能出现一只戴着毕业帽的奶牛……

校园里的“炼金术士”雕塑

这座雕塑是麻省理工学院最著名的雕塑之一。它由许多符号（包括阿拉伯数字、希腊字母和数学符号等）拼接成一个正在思考的人的样子。

叛逆的创新——斯塔塔中心

斯塔塔中心的外形在麻省理工学院的校园中很抢眼，学校里的学生和老师叫这座楼“32 号楼”。被称为“建筑界毕加索”的弗兰克·盖里把自己的这个作品形容成“一堆喝醉的机器人一起狂欢庆祝的派对”，这个比喻的确形象。墙上每面镜子的角度和材质都是经过精密计算和精心设计的，这也成为整个麻省理工严谨精神的象征。据说采用这样的建筑设计，是为了让工程系学生在实验室里尽情发挥想象空间，不要被事物“该有的样子”所束缚。

往返于大学之间的大巴

麻省理工学院和韦尔斯利学院（Wellesley College）的关系非同一般，后者地处马萨诸塞州波士顿城西的小镇韦尔斯利，是一所著名的女子文理学院，著名女诗人冰心、蒋介石夫人宋美龄以及美国前国务卿希拉里・克林顿都曾就读于此。韦尔斯利学院与麻省理工学院有学术联合关系，该校的学生可在麻省理工学院选修包括斯隆商学院在内的课程。

另外，非常有趣的是，韦尔斯利学院的女生也是麻省理工学院和哈佛大学众多男生追求的对象。三校之间有往返的大巴，风雨无阻，也撮合了不少才子佳人。韦尔斯利的女生称这些大巴 Peter Pan（美国东北部汽车公司名字）为“最爱的男人”。白天里每个小时都会有一辆写着 Peter Pan 大字的大巴从学校驶向波士顿市中心，经过麻省理工学院和哈佛大学，对于这两所名校的男生们来说，这可是一辆后花园来的送宝车啊！

哈佛大学
Harvard University

哈佛大学与麻省理工学院一同坐落在剑桥市，该校成立于1636年，是美国历史最悠久的高等学府。哈佛大学毕业生中曾有八位当选美国总统，这是诞生美国总统最多的大学，同时也是拥有诺贝尔奖获得者最多的学校。微软公司的创始人比尔·盖茨和Facebook创始人马克·扎克伯格都曾在哈佛大学就读。比较戏剧化的是，他们都没有从哈佛大学毕业，而是选择了退学创业，并最终成就了一番大业。

Veritas.
真理。
——哈佛大学校训

哈佛大学安能堡厅外观

哈佛纪念教堂

该教堂建于 1932 年，为了纪念第一次世界大战中阵亡的哈佛校友而建立，是哈佛大学的标志性建筑之一。

哈佛大学的“魔法餐厅”和校友捐赠之路

初到哈佛大学的安能堡厅，人们总会惊叹，这就是《哈利·波特》中霍格沃茨魔法学校的大礼堂啊。从初建为校友大厅再到今天的哈佛大学新生餐厅，安能堡厅已经走过了近150年的历史，期间大厅曾一度被弃用，后因捐款得以重见天日，并成为哈佛大学的骄傲。

几次到哈佛大学走访，几次和这座传说中的“魔法餐厅”擦肩而过。前两次去是暑假，餐厅不开放；第三次我让一位研究生带我进去吃饭参观，没想到这是本科新生食堂，研究生和博士生都不得入内；第四次我通过朋友找到了食堂的经理，终于走进了这家向往已久的学生食堂。走进大厅的一瞬间，面对高耸的穹顶、五彩斑斓的玻璃花窗、雕琢精细的蓝色天花板、古朴的木质桌椅，以及大厅两侧一件件让人赏心悦目的绘画和雕塑作品，你会不禁想问，这真的只是一个餐厅吗？

是餐厅，也是博物馆

今天的安能堡厅最初是哈佛大学的校友大厅，建于1874年，占地近840平方米，是哈佛纪念堂的一部分。1893年的《哈佛毕业生》杂志曾这样记载它当年的热闹情形：“凌晨一点，学生们还穿行在哈佛园，争先恐后地赶到校友大厅，寻找一个自己喜欢的夜读的地方。”

据记载，1900年的时候，这里每天的菜单包括14道汤、6份鱼、12道烤肉、6道野味、2道冷盘、6道蔬菜和10道甜点，菜肴非常丰富。后来，由于校园的中心向查尔斯河畔迁移，哈佛的每个住宿学院相继开放自己的食堂，校友大厅逐渐被冷落，并于1925年关闭。此后，大厅偶尔的开放主要用于举办宴会、舞会、考试和毕业典礼。

直到1996年，安能堡公司的创始人为了纪念他毕业于哈佛大学的儿子，慷慨捐资，修缮校友大厅，并将其作为大一新生餐厅投入使用，安能堡大厅也如老树新枝，续写传奇。除了富丽堂皇的环境和丰富的佳肴之外，这个餐厅同时还是一个真正的历史博物馆。餐厅里收藏了20幅描摹美国内战士兵的油画、18面始于19世纪的花式玻璃窗和25件雕塑作品。雕塑原型包括哈佛创始人、捐赠者以及知名的教授和校友，其中就有美国第二届总统——约翰·亚当斯的雕像。

今天的毕业生，明天的捐赠者

哈佛大学的安能堡厅能迎来第二春，得益于校友家庭的无私捐赠。事实上，成立于1636年的哈佛大学也是美国高校捐款制度的先行者。1638年，波士顿一位名叫约翰·哈佛的牧师（他毕业于剑桥大学）在临终之际把他一半的积蓄700多英镑和400多本书捐给了当地一所名叫“新市民学院”的学校。1639年，马萨诸塞海湾

殖民议会决定将这所学校命名为哈佛学院，即后来的哈佛大学。哈佛大学的捐赠传统由此延续至今，学校目前300多亿美元的基金均来自哈佛毕业生和社会各界的慷慨捐赠，这一基金也成为哈佛大学不断发展的重要保障。

2014年9月，香港陈启宗、陈乐宗兄弟通过家族基金"晨兴基金会"向哈佛大学公共卫生学院捐赠3.5亿美元，创下哈佛校史上单笔捐款金额之最。从一无所有的毕业生到有一定经济实力的捐赠者，这往往需要很长一段时间，美国高校的校友会负责追踪校友的成长轨迹，搭建长期联系的通道。需要指出的是，捐赠行为并不是富豪的专利。无论是社会名流还是默默无闻的职员，无论是亿万富翁还是普通的工薪阶层，都将捐赠行为视为对母校的情感表达。校友会也尽己所能支持和帮助其他校友的个人发展，以维持校友和学校之间的纽带。

中国大学校友捐赠之路还很长

获取捐赠越来越被全世界的一流大学所看重，捐赠资金是保障大学学术自由以及财务安全的必要手段，同时也可以提升一所大学的社会声誉和排名。《美国新闻与世界报道》发布的最具权威的世界大学排行榜中，就把办学资金来源以及校友捐赠作为评判世界一流大学的重要指标。

近年来，中国大学接受捐赠的行为也开始走进公众视野，在官方颁布的"985工程"大学三期评价指标体系中，增加了"学校获得的捐款在学校经费中所占的比例"这一指标。但总体来看，国内高校获取非政府财政资金的来源比较单一，获得的社会捐款数额及其占学校总收入的比例与美国高校相比都要逊色很多。即便是位列国内校友捐赠排行榜首位的北京大学，25年来累计获得校友捐赠20.17亿人民币，还抵不上哈佛大学2015年度接受的一项个人捐款，中国大学校友捐赠还有很长的路要走。

告别美丽的哈佛校园后，"魔法餐厅"、哈佛园、查尔斯河、校园书店，以及一座座雕像、一幅幅画作仍在我的脑海萦绕。哈佛的学生餐厅、公寓和图书馆都舒适、温暖，给人宾至如归之感。哈佛大学并没有宏伟气派的校门，更没有摩天大楼，学生从普普通通的铁门进进出出，毕业生从这扇不起眼的校门走向世界，成为各个领域的精英人才，但是关于这座校园的记忆就像有某种魔法似的，让他们一生牵挂，不断回望。

斯坦福大学

Stanford University

斯坦福大学位于加利福尼亚州的帕罗奥多市，与旧金山相邻，是美国西海岸的名校典范。

1951年，斯坦福大学创建了斯坦福科技园，这是硅谷的早期雏形。学校长期以低廉的地租将校园的厂房和实验用房租给一些高科技企业（或毕业校友创立的公司），所以这里是美国第一个依托大学而创办的高科技工业园区。学校十分支持本校师生创业，鼓励他们去拥抱科技带来的变革。硅谷最早的创业者之一就是斯坦福大学的两名毕业生——威廉·休利特和戴维·帕卡德，著名的惠普公司即为他们共同创办。

CHAPTER 1

美国

America

在大地震废墟中挺立起来的斯坦福大学艺术博物馆

现代物理学的开创者和奠基人爱因斯坦是出色的小提琴手，意大利“文艺复兴三杰”之一的达·芬奇对天文学卓有研究，著名科学家钱学森的艺术造诣也非常人可比……事实上，在人类文明发展史中，科学与艺术是相辅相成的。走进世界名校斯坦福大学的艺术博物馆，我肃然起敬——经历两次大地震，它却依然像一座丰碑挺立着。

2013 年 1 月，我带领新东方管理者团队去斯坦福大学短期修学，落脚的酒店就紧挨着斯坦福大学校园，终于有机会去校园仔细转转。斯坦福大学的校园是开放式的，整齐的西班牙风格的建筑和一排排棕榈树交相辉映，真是美极了。

为了一个可以回去的地方

在国外旅行，我喜欢去参观博物馆，大学博物馆也不例外。在斯坦福大学艺术博物馆，我目睹一位博物馆员工主动上前给正在看群雕的几位游客讲解。她自豪地说：“这是罗丹的作品，你们知道法国雕塑家罗丹吗？除了法国，收藏罗丹作品最多的地方就是斯坦福大学！”很难想象，一所大学的艺术博物馆收藏着这位雕塑巨匠的 200 多件作品，其水平之高也是世界罕见。

斯坦福大学艺术博物馆建于 1894 年，最初的展品大部分来自斯坦福家族的收藏。如今该馆已经发展壮大，成为一座声名显赫的大学博物馆，但很少有人知道它曾几经沉浮，其中包括两次大地震。

1906 年，在旧金山湾区 7.8 级的大地震中，艺术博物馆约四分之三的建筑物被损毁。1945 年，斯坦福大学出资人之一简·斯坦福的离世使得预算吃紧，艺术博物馆被关停。此后，艺术博物馆在社区活动的基础上逐渐修复并对外开放，1985 年，著名的罗丹雕塑花园落成。不幸的是，1989 年，洛马·普雷塔的 7.1 级地震再一次损毁了博物馆的多个展厅，艺术博物馆再度陷入关停状态。然而，艺术博物馆始终是斯坦福师生和校友心头的牵挂。在各路校友和艺术爱好者的捐赠下，斯坦福大学开始对其进行修复与重建，终于在 1999 年重新开放。

在放肆的、狂野的、猛烈追求物质享受的现代生活里，有一个可以不断回去的地方特别重要。对

校园中的罗丹雕塑

艺术博物馆展厅内的亚洲艺术品

于斯坦福大学来说，这个地方或许就是它的艺术博物馆——所有斯坦福人的精神家园。

科学与艺术的融通之美

作为世界上培养诺贝尔奖得主最多的大学之一，斯坦福大学以科研与创新精神闻名于世。从当年所谓的“西部蛮荒之地”，一步步发展到今天“硅谷的中心”、“世界创新的引擎”。如此重视科学技术，又如此执着于对艺术的追求，斯坦福大学深知科学和艺术可以相互促进，相得益彰。

从表面上看，科学与艺术是完全不同的两类学科：科学重理性，艺术重感性；科学靠严谨的归纳与推理，艺术靠浪漫的灵感与想象。然而，科学与艺术的共性在于它们都具有非功利性的精神气质。英国物理学家狄拉克在获得诺贝尔奖时说：“理论物理学家的工作，就是以漫长的一生追求美。”科学不但求真也要求美，科学家像艺术家一样追求美，这也是科学取得创新性成果的重要原因之一。

美学教育的现实意义

法国著名文学家福楼拜早在 19 世纪中叶就预言过：越往前走，艺术越要科学化，同时科学越要艺术化。两者在山麓分手，回头又在山顶会合。

科学与艺术的交融越来越受到人们的关注，已经成为世界科学文化发展的显著特征之一。美育与通识教育的重要性在于，通过激活学生的形象思维和灵感思维，培养他们的想象力和创造力，为科学知识插上艺术的翅膀，追求真正意义上的美。

近年来，国内的专家和学者也逐渐意识到，在应试教育的大环境下，美育与通识教育的缺失导致我们很难培养出顶尖的人才。过于重视学科教育，而不重视审美情趣，是中国学生普遍存在的问题，而这一点又在很大程度上限制了个人的眼光和格局，也限制了自己的长远发展，致使他们在国际竞争中后劲不足。走出传统应试教育的思维框架，将科学教育与艺术教育融合起来，斯坦福大学为我们树立了很好的榜样。

斯坦福大学校名的由来

斯坦福大学的全称是小利兰·斯坦福大学（Leland Stanford Junior University）。小利兰·斯坦福是前加州州长、铁路大亨利兰·斯坦福的独子。1884 年他们一家在意大利旅行时，小斯坦福不幸得了伤寒，不久便去世了，当时只有 16 岁。老斯坦福夫妇悲痛欲绝，他们知道辛苦积累的家产再也用不到自己儿子的身上，因此决定将钱捐出在加州建立一所学校，并以独子的名字来命名，用以造福加州的青少年，斯坦福大学由此而来。

Die Luft der Freiheit weht.
愿自由之风劲吹。
——斯坦福大学校训

校园一隅

学校咖啡厅

与苹果公司为邻

在斯坦福大学校园里，苹果电脑非常受欢迎。你经常会看到学生们在课堂上或在学校的咖啡馆中，用苹果电脑学习。苹果电脑不仅代表着年轻人的追求，更代表着美国的创新精神。斯坦福大学附近的硅谷，是当今电子工业和计算机业的王国，著名的苹果公司也位于此。2005 年，苹果公司联合创始人史蒂夫·乔布斯在斯坦福大学的毕业典礼上发表了那次精彩的演讲，该演讲的结束语“Stay hungry. Stay foolish.（求知似饥，虚心若愚）”广为流传。

学校教学楼长廊

加州大学伯克利分校

University of California, Berkeley

加州大学伯克利分校同样位于硅谷附近，是美国最顶尖的公立研究型大学之一。同时它也是美国最具影响力的公立大学系统——加州大学（University of California, 简称 UC）中学术水平最高的学府之一。该校选拔学生时更加注重学术研究能力，入学门槛高是其一大特征。伯克利研究实力非常雄厚，元素周期表中有 16 种化学元素在这里被发现，其中“锫（Berkelium）”更是因此而得名。

绿树掩映的学校校门

校园标志建筑——萨瑟塔

右图中的建筑物是一座建于一百多年前、世界第三高的钟楼。据说，伯克利分校许多珍宝都存放在这座塔里，因为萨瑟塔可以抗击高强度地震。你可以坐电梯到塔顶，俯瞰这所崇尚自由的学术殿堂。

Fiat lux.

要有光。

——加州大学伯克利分校校训

校园里诺贝尔奖获得者的专用车位

你不会想到，在加州大学伯克利分校这座城市大学里，最让人头痛的事情竟然是停车。除了人多（这是一所公立学校，学生非常多）车位少之外，另一个原因是，伯克利在数量有限的停车位中还设置了许多预留的停车位，其中就包括NL（Nobel Laureate，即诺贝尔奖获得者）专用车位。也就是说，只有获得过诺贝尔奖的人才能在这里停车。虽然有些夸张，但也彰显了名校的力量。

截至2017年，伯克利分校共出现过94位诺贝尔奖获得者（其中包括34位校友），学校为了奖励这些诺贝尔奖获得者，提出两种奖励方案：一是将他们的名字刻在一栋纪念大楼中，二是在校园里为他们提供免费停车位。结果绝大多数诺贝尔奖得主都选择了停车位。很多伯克利的教授们之所以如此努力工作，也许只是为了得到一个诺贝尔奖获得者的专用车位！

克莱蒙特学院联盟

Claremont Colleges

克莱蒙特学院联盟位于加州克莱蒙特市，包括五所本科院校——波莫纳学院（Pomona College）、斯克里普斯学院（Scripps College）、克莱蒙特·麦肯纳学院（Claremont McKenna College）、哈维穆德学院（Harvey Mudd College）和匹泽学院（Pitzer College）。这五所学院既独立存在，又互为补充，组成了一个有机的整体。各学院的学生不仅可以跨校选课，还可以拿其他学校的专业学位。同时，五校共享资源非常多，比如图书馆、书店、健身房及学生俱乐部等。

这五所学院均属于文理学院。区别于综合大学，美国的文理学院规模较小，实行小班制教学，且重点在本科教育，师生之间互动性非常强，教授的主要任务是教学而非做研究。学院以文理性质的课程为主，很少设商学院或工学院，旨在进行文理全面发展的通识教育。

哈维穆德学院图书馆

波莫纳学院实验室

斯克里普斯学院的学生宿舍会客厅

斯克里普斯学院的游泳池

克莱蒙特，麦肯纳学院

我与波莫纳学院一位老师的合影

匹泽学院学生宿舍

圣路易斯大学

Saint Louis University

> Ad majorem dei gloriam.
> 愈显主荣。
> ——圣路易斯大学校训

圣路易斯大学坐落在密苏里州的第一大都会区圣路易斯市，是一所隶属于天主教耶稣会的大学。学校以地球物理、气象学、航空学、太空工程和保健科学等理工类课程而闻名，鼓励学生学习操作性强的专业知识，同时将知识化为行动来回馈社会。

圣路易斯大学拥有美国第一所飞行学校。这所飞行学校创建于 1927 年，创始人在二战结束后将其赠送给了圣路易斯大学。经历近百年的发展后，这所飞行学校不断壮大，成为今天圣路易斯大学的帕克斯工程、航空和技术学院。

建成于 1914 年的圣路易斯大教堂

蓝天下气势宏伟的哥特式校园建筑

丰富多彩的校园活动

全美第一飞行学校参观记

走进许多美国大学，学校的老师和学生都会自豪地告诉你他们学校的这个专业或那个项目是全美第一或全美领先。我在访问圣路易斯大学时，有幸受邀参观了他们的帕克斯工程、航空和技术学院下属的飞行学校，这次又遇上了一个第一，货真价实的全美第一。

当天上午，当我如约走进圣路易斯城东郊的飞行学校训练基地时，飞行学校的国际项目总监鲁滨逊教授热情地迎上前来说："欢迎中国朋友来到美国的第一所飞行学校。"我早就听说过这所飞行学校，但没有料到它是全美第一所注册并获得联邦政府认可的飞行学校，自然就获得了美国政府颁发的编号为 1 的航空代理证书。在过去的 90 年里，这所学校为美国和世界其他地区培养了许多一流的飞行员。

这所飞行学校是奥利弗・帕克斯于 1927 年创建的，和查尔斯・林德伯格于当年 5 月飞跃大西洋的历史创举只间隔了两个月的时间。帕克斯深知飞机设计、维护和飞行安全指导等市场需求即将爆发，他凭借其敏锐的市场触角建立了美国第一所飞行学校。第二次世界大战期间，这所飞行学校为培养美国空军飞行员立下了汗马功劳，同时输送了数千名机械师。大战结束以后，帕克斯审时度势，深知未来的飞行员需要具备更加广阔的视野和更好的学术功底，于是他毫不犹豫地将该飞行学校赠送给了圣路易斯大学。在经历了 90 多个春秋的洗礼后，这所飞行学校逐步发展壮大，成为今天圣路易斯大学的帕克斯工程、航空和技术学院。

飞行员培训对许多中国人来说还是一件比较陌生和神秘的事。初来乍到的我对眼前看到的一切都感到新鲜，跟在鲁滨逊教授身后边走边问。鲁滨逊教授也耐心地一一作答，并带着我们参观了教练机维修仓库。在一架黄色的教练机前，教授不无自豪地告诉我们："这架教练机是 1929 年我们飞行学校的同学和老师联手设计和制造的，曾经辉煌一时，不过马上要被送进博物馆了。旧的不去，新的不来，现在我们使用的是新一代的名叫钻石的教练机，更科学，更容易操作，也更加稳定可靠。"

看着驾驶舱里令人眼花缭乱的各种仪表盘，我心想，驾驶飞机应该是非常复杂和有挑战性的，也容不得半点的马虎，每一次飞行，飞行员和机械师都要不厌其烦地仔细走过每一道程序，检查每一个细节。说话有板有眼的鲁滨逊教授见我一脸困惑，就用轻松愉快的语调向我解释了飞行驾

我在美国第一飞行学校采访时留影

照的事。他告诉我们，飞行驾驶照也分好多类，有初、中、高不同的等级，有驾驶小飞机的，有驾驶私人飞机的，也有驾驶商用飞机的。当然学习的时间要求也有长有短，短的，尤其是作为非专业的培训，只需要几十个小时的实战飞行。

当然，每一门学问都是没有尽头的，值得我们不断探索下去。鲁滨逊教授接着说："我们这个学校不仅有本科学位，还提供硕士和博士学位。我们的许多老师既是教授，自己又是优秀的飞行员，他们现在还经常要升空实战，最重要的是我们的毕业生在市场上的就业情况特别好。"难怪该学校签发的飞行驾照无论是在美洲还是欧洲都获得高度认可。

当我们中国学生计划到海外读书时，许多家长和同学的首选可能是商科或者和商科有关的学科。无论自己是不是有这个潜力或者兴趣，家长、孩子都会不由自主地想朝这条路上走，希望借此寻求更好的职业前景。我们知道，在申请海外学校的时候最应该展示的是我们的与众不同。同样，我们在申请留学的专业时为什么就不能特立独行走自己的路？在中国经济高速发展的今天，当中国的私人飞机刚刚开始走进普通人视野的时候，如果拥有一个航空工程领域的学位，同时还拥有一张国际认可的飞行驾照，我相信这样的学生在就业市场上的竞争力一定胜人一筹。

美国密歇根湖的湖滨大道

都说芝加哥是风城，但这似乎并不影响芝加哥人对体育锻炼的热爱，不少当地居民尤其喜欢一大早沿密歇根湖湖滨大道骑车上班。

我有次出差路过芝加哥，发现紧挨着密歇根湖的湖滨大道有点特别，不知是春天湖水泛滥还是别的原因，倾斜的大道有三分之一的路面已被湖水淹没，大道周围没有任何提醒危险的告示，也没有任何绕道行驶的指示牌。春寒料峭，薄雾缭绕，天刚亮，一辆接一辆的单车

从大道上飞驰而过，骑车者无论男女，个个身手不凡，熟练地在车道上左躲右闪，绕开路上的坑坑洼洼和扑面而来的湖浪，顺利通过这段特别的湖滨大道。

也许，芝加哥的居民早已习惯了与他们朝夕相处的密歇根湖，习惯了它的喜怒哀乐，而骑行于湖滨大道的潇洒也成了他们迎风飞扬的生活写照。

芝加哥大学

University of Chicago

与哈佛、耶鲁等大学相比，创办于1856年的芝加哥大学只能算是一所年轻的大学。但是，芝加哥大学兼收并蓄，结合美国社会的现实，建构了独特而卓越的组织、研究和教学理念，使其在较短时间内成长为美国乃至世界的一流大学，并被誉为“第一所美式大学”。芝加哥大学也是世界经济学、法学、社会学最重要的研究教育中心之一，美国第44任总统奥巴马曾在该校法学院执教。

芝加哥大学经济学实力很强，著名的《魔鬼经济学》的作者之一即为该校的终身教授史蒂芬·列维特。与国内商学院最大的不同是，这里的教学与学生的就业规划联系非常紧密，读书期间就会有人指导你做好就业的准备。

学校毕业典礼现场

Crescat scientia, vita excolatur.
益智厚生。
——芝加哥大学校训

静穆的洛克菲勒礼堂

芝加哥大学的前身是一所教会学校，但在1886年由于财政问题而倒闭。随着美国人口向西部迁移和工业发展的需求，远离发达东海岸的美国中部急需一所一流大学以顺应发展。1890年，美国石油大亨约翰·洛克菲勒在原先倒闭的教会学校基础上开始筹建芝加哥大学。为纪念这位捐助人，学校修建了洛克菲勒礼堂。

芝加哥大学布斯商学院

学院创建于 1898 年，是美国最好的商学院之一，多次跻身商学院排行榜前三名。布斯商学院以其聚集多位荣获诺贝尔经济学奖的学者而著称于世。

拥有 350 万册藏书的学校图书馆

芝加哥大学图书馆是世界上最大且藏书最丰富的图书馆之一。上图为建成于 2011 年的乔和丽卡曼索托图书馆。这里拥有巨型玻璃穹顶，使用高性能低辐射烧结玻璃，绝缘玻璃顶棚能减少 70% 的光照热量，并引入足够的光线，学生们既可以最大限度地观赏到周围的景观，又能沐浴在自然的光照中。这座图书馆被公认为是节能环保建筑的典范。

西北大学

Northwestern University

> Quaecumque sunt vera.
> 真理是永恒。
> ——西北大学校训

西北大学并不在美国西北，而在美国中部，建于 1851 年。它是由一位物理学家、两位商人、三位检察官及三位牧师创办，他们当时的目标是建立一所大学让当地人民有机会接受高等教育。因为当年建校时，俄亥俄州、印第安纳州 、伊利诺伊州 、密歇根州等地统称为“西北领地（Northwest Territory）”，所以这所位于伊利诺伊州的大学也被称为“西北大学”。

校园中可供学生学习、吃饭、休闲的公共草坪

凯洛格商学院

西北大学凯洛格商学院（Kellogg School of Management）是美国公认的最好的商学院之一。它曾在 1985 年被《华尔街日报》评为全美最好的商学院，并三次被《商业周刊》评为全美商学院第一。凯洛格商学院在跨国谈判、组织管理整合、高效团队建设等多个领域都拥有世界级研究成果和独家教学案例。上图为凯洛格商学院的标志，下图为学生在商学院上实战训练课的情形。

Disciplina in Civitatem.
教育立人。
——俄亥俄州立大学校训

俄亥俄州立大学
The Ohio State University

图书馆墙壁上的浮雕校徽

俄亥俄州立大学坐落于美国俄亥俄州首府哥伦布市，是一所历史悠久、极负盛名的研究型公立高等学府，在该州公立大学中排名第一，被誉为“公立常春藤”大学之一。学校开设的专业几乎涵盖了所有的学术领域，尤以商科、管理、新闻传播等专业最负盛名。学校的课程设置相对多元化，需要学生较强的自主性。同时，俄亥俄州立大学也是以体育为中心的美国大学联盟——“十大联盟”（Big Ten Conference）成员之一。

学生活动中心

设施齐备的健身房

全美第四大橄榄球场

俄亥俄州立大学不仅拥有美国大学规模最大的体育中心，还有能容纳 10 万人的橄榄球场。上图为学校橄榄球场，左图为体育中心。

俄亥俄州立大学橄榄球场是全美第四大橄榄球场。因美国大学普遍重视体育运动，各高校的赛场就成了各大学拼搏厮杀的竞技场，参赛队员也往往是校园里的明星人物。俄亥俄州立大学的橄榄球队曾在 BCS（Bowl Championship Series）冠军赛中五次夺冠。据说，每次决赛（一般为 11 月中下旬）的前一天晚上，俄亥俄州立大学的队员们都会跳入校园内已经结冰的镜湖以示必胜的决心。

Utraque unum.
合而为一。
——乔治城大学校训

乔治城大学

Georgetown University

乔治城大学位于美国首都华盛顿特区，是一所私立研究型大学。该校是美国最古老的耶稣会和天主教大学，校园内的地标建筑是古罗马式建筑风格的希利堂。这所大学有“政客乐园”之称，各类政界名流的身影频频出现在这里，奥巴马、希拉里等经常在此演讲。因为与联邦政府的办公厅仅有咫尺之遥，不少外国使节的儿女也在这儿念书，使其更具国际色彩。此类学校会有一定的宗教基础课程和活动，但无须担心，除此之外，它们并不会在生活和学习的其他方面影响学生，更不会强制学生接受任何宗教信仰。

校园长椅上悠闲读书的学生

蓝天下的学校操场

宾夕法尼亚大学

University of Pennsylvania

建于 1750 年的图书馆

Leges sine moribus vanae.
法无德不立。
——宾夕法尼亚大学校训

宾夕法尼亚大学（简称“宾大”）坐落于美国第五大城市费城，由美国著名科学家、政治家、《独立宣言》起草人之一本杰明·富兰克林创办，是八所常春藤盟校之一。这里也是现任美国总统特朗普的母校。宾大拥有北美第一所医学院、第一所商学院，以及第一个学生会组织。中国学生对宾大沃顿商学院一定耳熟能详，沃顿商学院的严谨、务实、创新、进取精神影响了众多诸如股神巴菲特等毕业于此的学子。另外，学校还有知名的考古与人类学博物馆，馆内拥有相当数量的中国文物，其中包括一个中国古代的水晶球，据说其体积为当时世界之最。

LOVE 雕塑

宾大校园内的这座雕塑是学校所在地——费城的象征之一。在费城市政厅旁边有一个著名的爱之公园（Love Park），宾大校园里 LOVE 雕塑的原版便坐落于此。该雕塑是一个著名的和平符号，呼吁世人应该彼此相爱，而不是相互仇恨。

沃顿商学院

沃顿商学院创立于 1881 年，是美国第一所大学商学院，也是世界最顶尖的商业知识创新机构之一，曾多次在美国《商业周刊》《华尔街日报》及英国《金融时报》全球商学院评选中位居榜首。我曾几次带队访问沃顿商学院并在此短期学习过，左图为沃顿家族的代表带我参观学院时的合影。

游走于夜色中的时报广场

时报广场，也称时代广场，原名为朗埃克广场，后因《纽约时报》早期在此设立总部大楼，因而更名为时报广场。密集的摩天大楼，耀眼的霓虹广告，繁华的街道和拥挤的人群，这些都已成为世界都市纽约的象征。

百老汇剧院的小贩

纽约很大，值得看的东西也很多，既有普罗大众喜爱的场所，也不乏供人附庸风雅的机会。再次来到纽约，我和一帮同事在百老汇看了一场音乐剧《芝加哥》，说的是两个女人为了追名逐利而展开的一场争夺战。剧情还挺复杂，具体的人物和情节记不太清了，倒是开场前兜售零食饮料的小贩让我记忆深刻。首先这是一位帅哥，快乐的帅哥，他每隔两分钟就会转到你跟前兜售一次。有意思的是，他把兜售的小吃和饮料编成了抑扬动听的吆喝。小伙子边走边吆喝，笑容可掬，吸引了不少亲切的目光和掏钱的客人。我也终于没忍住，掏出相机给这位可爱的小伙子拍了一张工作照，希望我们的生活也像他的笑容一样美好！

学历到底重不重要?

有人说当今社会更看重能力和经验，不少“草根”创业成功的案例似乎也印证了这种观点。那么，学历和文凭到底重不重要?

我认为学历对我们今天的大部分年轻人来说还是比较重要的，但对一些天才、奇才和特立独行的人而言，它也许就没有那么重要了。

确实，我们在生活中也曾听说或认识一些学历不高的成功者，也曾目睹一些上名校的大学生辍学创业，最后成就了一番大业。这些人不是常人，走的也是不同寻常的路，往往不具备可复制性。对我们大多数人来说，学历是一份成绩、一种证明、一段经历。更重要的是，在获得学历的过程中，我们朝着一个目标，付出了诸多努力和坚持，最终我们的知识得以更新，眼界得以拓宽，生命得以丰富，同时掌握了科学的学习方法，探索出继续发展的路径，还结交了一批同学，有了一批志同道合的朋友，这些都可以成为我们未来发展的铺垫。

从某种意义上，无论世界怎样瞬息万变，老百姓希望孩子通过读书去改变命运的想法却始终没变。因此，没有学历照样成功，这并不说明读书和学历不重要，而且我们发现，这些成功者做成大业后，反而呼吁人们要更加重视教育，增加对教育的投入，让更多人从中受益。

21世纪的世界格局正在发生急剧的变化，知识结构也在不断更新，互联网正在改变人们的思维和行为习惯。生活在这个时代，我们需要更好地理解这个世界，了解它的发展及变化规律，这一切都需要我们去掌握新的知识，而学历是证明我们掌握这些新知识、新思想和新方法的一个有效途径。北大和清华的学历不等于成功和财富，哈佛和耶鲁的毕业证也不等于幸福，但是，学历无疑会为我们大多数人的职业发展提供更大的平台和更多的机会。

大都会艺术博物馆

这是美国最大的艺术博物馆，也是与英国伦敦的大英博物馆、法国巴黎的卢浮宫、俄罗斯圣彼得堡的艾尔米塔什博物馆齐名的世界四大博物馆之一。

Ancient Egypt
The Costume Institute
American Wing
China, India
Japan, Korea
East Asia and South Asia

普林斯顿大学

Princeton University

普林斯顿大学位于新泽西州费城和纽约之间的普林斯顿小镇，校园幽静古朴，随处可见优美的哥特式建筑。学校致力于纯粹的学术研究，也是美国八所常春藤盟校之一。无论专业设置还是学术氛围，普林斯顿大学都是一所殿堂级学府。学校非常重视本科教育，因招收本科生数量较小，该校也成为全美最难被录取的大学之一。

Dei sub numine viget.
她因上帝的力量而繁荣。
——普林斯顿大学校训

普林斯顿周边有不少知名的科技公司和研究中心，如西门子和飞利浦的研发部、辉瑞制药公司、贝尔实验室等，方便学生实习和就业。

老校长雕像

约翰·威瑟斯庞是普林斯顿大学第六任校长，也是美国《独立宣言》的签署人之一。右图是我在这位老校长雕像前的留影。

威武守门的猛虎

19世纪80年代，在一次橄榄球比赛中，普林斯顿大学队因队员着装酷似老虎而被记者称为“虎队”。不久后，学生俱乐部以及他们创办的杂志都以老虎命名，老虎雕像也开始出现在校园里，老虎作为学校的标志逐渐被师生认可。

声名卓著的数学系

左图的布莱尔拱门是普林斯顿大学的标志性建筑之一，电影《美丽心灵》中的数学系茶会就是在该拱门前的空地上拍摄的。普林斯顿大学的数学系历史厚重、学风严谨，在全世界享有美誉。数学系的教学楼总共11层，据说教授的成就越大，所在办公室的楼层就会越高，而《美丽心灵》的主人公、博弈论创始人约翰·纳什的办公室也仅位于9层，足见该校数学系实力之雄厚。

CHAPTER 1

美国

America

墙壁上爬满常青藤的拿骚堂是普林斯顿大学最古老的建筑，目前是学校行政楼。据说常春藤盟校的概念就是从这里来的。

举世闻名的华尔街 23 号

华尔街 23 号是原摩根大通（美国最大金融服务机构之一）总部的所在地，现在这里被认为是美国乃至世界的金融中心。上图右侧挂有三面美国国旗的大楼是著名的纽约证券交易所。2006 年 9 月，新东方作为第一个中国教育概念股在这里挂牌上市。右图为新东方上市时我和俞敏洪在纽交所前的合影。

国外的家庭教育方式有哪些值得我们学习借鉴？

很多人都在反思中国的家庭教育，推崇国外某些先进的教育理念。具体来讲，国外的教育方式有哪些值得我们学习呢？

东西方家庭教育应该说各有所长，近年来，欧美一些国家也在鼓励向东方国家学习，我们也在借鉴欧美国家的优势和长处。纯粹从我个人的观察和思考出发，我认为欧美家庭教育主要有如下几点值得我们去学习和借鉴。

首先是至高无上的家庭观念。西方家庭和东方家庭一样，不仅在心理上重视家庭的观念，更付诸行动去实践这种观念。每天到了下班或放学的时间，大人和孩子纷纷回到家里，确保家庭成员每天的共处时间。回到家中，大家各忙各的，父母做饭做家务，孩子做作业过家家，晚饭后一起遛狗散步，周末一起出门逛街购物，节假日一起远足或度假，一切都以家庭为中心，一个都不能少，家人之间由此形成很强的纽带，相互帮助和支持，同甘共苦。

其次是家庭的交流和学习时光。欧美国家的很多房子里都有一个叫family room（家庭室）的空间，家人每天在这里相聚聊天，平等对话。所有家庭成员可以针对各种问题发表自己的看法，观点不分高低对错，但鼓励思想的交流和碰撞。同时，大家每天都有自己的阅读时间，这是代代相传的好习惯，也是静修的好时光，书本成为每个人独处的最佳伴侣，家长和孩子相互促进，读书成为他们生活中一个重要部分。值得一提的是，目前我国人均读书数量还远远低于发达国家。

最后是尊重孩子的个性和选择。西方的家长一般不强求孩子上名校、学钢琴或者练舞蹈，大部分家庭会量力而行，根据孩子的兴趣爱好帮助他们挖掘自身潜力，借助可能的资源帮助他们追逐自己的目标，成为更好的自己，用自己的理想和行动去推动世界的进步。

康奈尔大学
Cornell University

坐落于山中，被泉水、瀑布、森林所环绕……这便是位于纽约州伊萨卡市的康奈尔大学。它是一所私立研究型大学，也是著名的常春藤盟校成员，在世界范围内享有极高的学术声誉。该校拥有常春藤盟校中最好的工学院、建筑学院、酒店管理学院、农业生命科学学院和兽医学院。除了世外桃源般的伊萨卡主校区，学校还在纽约市和卡塔尔教育城拥有分校，这也为学校增添了更多的时尚感和就业机会。

I would found an institution where any person can find instruction in any study.
我要创立一所学校，让每个人都能在此学到任何他想学的科目。
——康奈尔大学校训

尤里斯图书馆及钟楼

获奖无数的学校辩论队

康奈尔大学的校辩论队在世界大学排名第一。在辩论队的办公室里，我们看到有一整面墙专门用来陈列历年的奖杯、奖状。推理和思辨，这正是美国优秀大学倡导的通识教育的精髓所在。

迷人的校园景色

康奈尔大学有七个本科生学院和七个研究生学院。当年老康奈尔创立这所大学的目的，就是“让每个人都能在此学到任何他想学的科目”。康奈尔大学的校色是大红色，鲜艳热烈，站在高处俯瞰整个校园，绿树红墙，分外美丽。

康奈尔大学校园拥有一般大学不多见的湖山胜景和美丽建筑，被认为是美国最美丽的三大校园之一。

只有胸怀世界的人才能改变世界

美国 Facebook 创始人扎克伯格在大女儿出生后宣布捐出他所持有的 Facebook99% 的股份（按当时股价计算约 450 亿美元），用于和教育相关的慈善事业。有人说这是美国教育的成功之处，有人说这是有情怀、有温度、有理想的一种表现。但我认为更加重要的是，这笔钱是为了服务未来年轻人的教育，是为了改变孩子们的命运。扎克伯格的这一善举也让我们更加坚信，教育是我们这个世界的希望，也是改变和推动这个世界的动力！

随着现代技术的不断发展，全球一体化正在快速形成。各地区和各国间的交流日渐频繁，中国和世界的距离也越来越近，各种思潮和大趋势在相互影响，教育也不例外，人们对教育的关注和探讨达到了前所未有的热度。在当今新的世界格局之下，学校教育如何才能帮助孩子面对未来的挑战？

著名教育专家肯·罗宾逊在其著作《创新学校》中提出了今天的孩子必须掌握的八项关键技能（均以字母 C 开头）：好奇心（curiosity），提问和探索世界运行规律的能力；创新力（creativity），产生新思想并付诸实施的能力；批判力（criticism），分析信息和观点并形成理性判断的能力；交流力（communication），清晰自信地表达思想和情感的能力；合作力（collaboration），建设性地与他人共事的能力；同理心（compassion），设身处地理解他人并言行一致的能力；和谐力（composure），让自己身心和谐内外平衡的能力；公民力（citizenship），投身社会并参与社会发展的能力。

不难理解，好奇心是我们的孩子去追求和探索一切人类知识、了解人类内心世界和外部世界的原动力。孩子对一切充满着好奇心，有无数的问题需要寻找答案。但不幸的是，随着年龄的增长，我们大部分人不再拥有这样的好奇心，甚至开始对周围的一切漠不关心。如何去保持和延长这种好奇心成为教育面临的一大挑战。有了这种持续的好奇心，我们才会不断地发现问题、解决问题，去发明和创造，让许多奇思妙想逐步变成现实。而在这创新的过程中，我们又需要理性的批判力，学会甄别好坏和对错，筛选各种信息，让自己的思想和行为更加聚焦，利用好有限的资源，提升创新的成功率。

当然，即使是伟大的思想，也需要伟大的团队来完成，这就需要我们具备有效的沟通能力，在表达我们新思想的同时，去说服别人并争取更多的帮助和支持，这就体现了交流与合作的重要性。具备了同理心及和谐力，我们就更加容易理解别人，在从事自己的工作时拥有更多的耐心和决心。

麻省理工学院信息墙

与此同时，我们的内心也会变得更加淡定、从容和坚定，勇敢地追求自己的目标，最后投身并参与到改变世界的活动中去。世界公民意识是今天每一个年轻人都应该具备的意识和格局，只有胸怀世界的人才可能去改变世界。

中国目前的教育制度是否符合当今的社会需求？是否应该更多地借鉴西方的经验？对于这些问题，大家是见仁见智，各执一词。其实，随着地球村概念的不断深化，世界各国的教育制度都在相互借鉴，相互促进。如果说我们一定要用某个标准来衡量教育的成功与否，我个人认为有两点值得我们思考。

首先，教育应帮助每一个人获取生活所必备的基本知识和技能，帮助每一个人依靠自己的能力谋生，过上更加快乐、独立和有尊严的生活，这是教育的基本任务。不过，仅仅帮助人们解决生存问题是不够的，教育还需要丰富人们的精神生活，让我们对未知世界充满想象，对未来的生活充满期待，让我们的人生除了衣食住行，还有诗和远方。我相信，只有实现精神和物质的平衡，个体才能变得更加幸福、更加崇高，才能成为一个有血有肉有灵魂的人。这样的人才能去创造和改变世界。

教育的另一个目的是在帮助个体的同时，还要促使不同的个体通过自身的努力去为世界的发展和进步做贡献。中国古代的四大发明促进世界文明的突飞猛进，丝绸之路也帮助架起了中西方文化交流的桥梁。今天，西方社会的许多创新和发明正在影响着我们的社会变革，无论是汽车、互联网，还是金融体系或登月梦，我们广泛地学习和借鉴西方的经验。而这些成功经验背后的支撑就是过去几百年西方教育始终倡导的创新精神。例如，哈佛大学的校友和教授中有 130 多位获得了诺贝尔奖，这就是成功教育的力量。

今天，我国的教育正在经历前所未有的变化，也正在激发年轻人创新创业的激情和活力。中国的学生奋起直追，自信地走向世界，成为更有担当的年轻一代，未来的世界无疑将属于他们！

纽约街头表演

旧金山渔人码头

纽约街头巡逻的骑警

纽约第五大道的圣帕特里克教堂

远眺芝加哥

沃顿商学院一角

我与美国当地学校的老师交流

美国自由女神像

卡内基梅隆大学校园里的雕塑

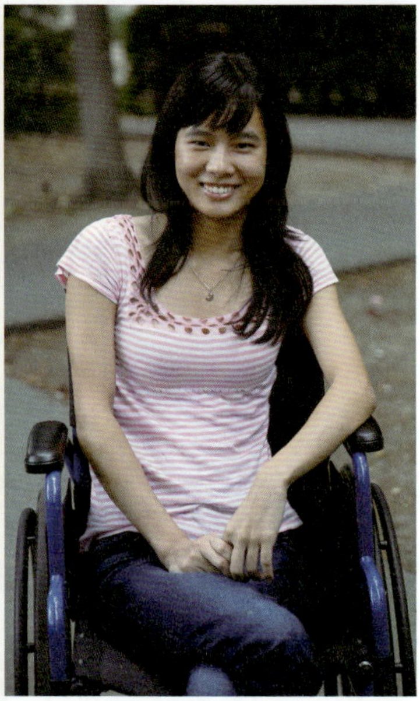

坐在轮椅上接受我们采访的斯坦福大学博士生

科罗拉多大峡谷

CHAPTER 2 第二章

英国

2014 年 9～10 月，
探寻英国名校之旅。
穿越英伦三岛，
领略传统英式教育的精髓。

1998 年去 BBC 工作是我第一次到英国。初次来到英语的发源地，处处都是历史和故事，让我感触颇深。这个国家拥有着强大的文化磁场，这和它的教育有很大关系，英国的大学就是文化背后的驱动力和引擎。这里很多大学已经有几百年的悠久历史，它们的思想和教育理念一代代传承，又在不断创新，吸引了一批批来自世界各地的学生。

扫描二维码
观看探寻英国名校之旅纪录片

FREE for 6 months BT In

伦敦大本钟

剑桥大学
University of Cambridge

剑桥大学位于英格兰东部、伦敦以北 80 公里的剑桥市，拥有 800 多年历史，是英国第二古老的大学，仅次于牛津大学，其 31 个学院遍布在整个剑桥市中心。在英国，“牛剑”独特的“学院制”不同于我们通常所理解的国内大学按照专业划分的学院，而是由多个专业组成的一个个兼容并包的多元社区。在剑桥大学里，各学院高度自治，但是都需遵守统一的大学章程。

除学术成绩显赫外，剑桥大学同样重视学生在艺术、体育方面的发展。自 1829 年起，每年 3 月底或 4 月初，剑桥大学和牛津大学都会在泰晤士河上举办划船比赛，因为参加比赛的选手都是学校在读的硕士和博士，因此被称为“最具特色的英国精英体育赛事”。

剑桥的老鹰酒吧

1953 年，沃森和克里克在这家酒吧宣布发现了 DNA 的双螺旋结构，将人类基因研究之路引向新高度。据说，当代最伟大的物理学家之一霍金先生生前也来这里喝过咖啡。

Hinc lucem et pocula sacra.
此地乃启蒙之所和智慧之源。
——剑桥大学校训

古老的校园建筑

下图中间较高的建筑为国王学院礼拜堂，由英国国王亨利六世（1421～1471）亲自规划，耗时数十年建成。学校重视学生在艺术方面的发展，在礼拜堂竣工后，成立了国王学院唱诗班，他们在每年圣诞节、复活节期间表演，是世界知名的圣诞音乐会之一。图中右侧建筑为吉布斯大楼，该楼自建校来的几百年间一直用于教学。

CHAPTER 2

英国

The United Kingdom

徐志摩诗碑

徐志摩曾于1921年作为一名特别生在剑桥就读，并在这里写下了著名的诗篇《再别康桥》。2008年，在剑桥大学任教34年的艾伦·麦克法兰教授在康河之滨的草地上，为他设立了这块诗碑。教授说：“我当时提议在剑桥为徐志摩立碑，主要考虑到可以吸引中国游客，给学校赚点钱。”当然，这只是一种英式幽默罢了。

康河与叹息桥

撑篙游康河，是许多游客在剑桥不可错过的经典行程。游客乘坐小船，会途经国王学院、王后学院等七个学院，还会经过叹息桥、数学桥等八座桥。

左图即是康河上最为著名的景点，叹息桥，有关它的故事流传着不同的版本。有人说，剑桥大学的毕业考试很严格，平时不努力学习的学生，考试通不过，往往来到这里叹息流泪。也有人说，是因为校方总是让犯了错误的学生来到这里面对河水反省，学生反省之后，往往叹息悔不当初。另一种说法则是：威尼斯有一座叹息桥，通往一座监狱，当囚犯经过那座桥走向监狱时，都会为自己的前途叹息。由于剑桥的这座桥结构与那座桥相似，所以建成后人们也把它叫作叹息桥。

剑桥大学800年的坚守与突破

早期的欧洲大学大都喜欢建立在要津，靠近宗教或世俗的权力中心，以得到更多的关照和保护。剑桥大学却背道而驰，建在一个名叫剑桥的小镇上，紧挨着一片沼泽，远离尘嚣。这一别样的地理位置让剑桥从一开始就能够保持自己的相对独立，知识分子也能在一定程度上与权力分庭抗礼，剑桥大学的个性就是在当时特定的法律、政治和宗教三者微妙的交织中形成的。

早期的剑桥大学结构非常松散，成立于不同年代的学院各具千秋、“野蛮”生长。直到1226年，剑桥大学才有了第一位名誉校长，课程开始走向正规，学院（college）和大学系科（school）开始有了明确的分工——前者负责学生的生活起居，后者负责学校的教学和研究。1250年，剑桥大学颁布了第一套完整的校规，从此踏上了与其他欧洲大学齐头并进的道路。

走进剑桥大学的校园，你会发现各个学院像一座座矗立着的古城堡，从容淡定。方庭里的草坪把各个学院建筑有序地隔开，看上去一脉相承，但仔细查看，你能觉察到它们之间的微妙差异。这些学院创建于不同的时期，有800年前的，有200年前的，也有20世纪60年代新建的。虽然使用的是同一种建筑材料，砂石的色彩却因为不同年代的风化有深有浅，这些建筑混搭在一起，生动活泼。

剑桥“此物未坏，何须乱修”的信条不仅体现在建筑上，在制度和习俗上也是如此。学院制、导师制几百年没有改变，很多仪式今天看来虽然有点滑稽可笑，可照例在执行。比如直到今天，剑桥大学的草坪上仍旧仅允许剑桥的院士从上面经过，也只有每年举办儿童节和五月舞会的时候，其他人才可以随意上草坪闲步。

今天的剑桥是英国几百年历史的见证，除了延续传统，剑桥在发展中也做出了妥协和让步，从而保持与时俱进。从地域上说，虽然剑桥的中心地带变化不大，周边的新校区却在加速扩张，新的音乐厅、图书馆和医院相继诞生，学校周边的科技园、创新园也拔地而起。剑桥的荣誉学士学位课程由一百年前的十几种发展到了今天的近六十种，本科生的人数翻了好几倍。1919年才开始引进的哲学博士学位，现在的攻读者已经高达7000多人。剑桥所有的男子学院，现在都改成了男女混合学院。过去剑桥的学生几乎都来自英国本土，现在的国际学生，尤其是亚洲留学生的数

蓝天白云下的三一学院方庭，给人一种穿越时光之感。

量在不断上升。更没有谁能够料到，剑桥这所古老的大学凭借自己的创新能力，教授和校友居然一共拿下98个诺贝尔奖（截至2017年），这实在是令人惊叹的傲人成绩。

在剑桥大学创建至今的800多年间，英国社会发生了巨变，从农业社会到工业社会，再到今天的信息社会。剑桥大学面对一次次的时代变化，却总能不慌不忙，应对自如。它不仅经历了一次次的考验，还在每一次坚守与舍弃的选择中，探索出了一套应变的有效体系。就像是剑桥校友达尔文提出的进化论，用优胜劣汰的原则来甄别各种变革和潮流的好坏。每当遇上重大的抉择时，由于没有绝对权威的约束力，剑桥的院士都会按照自己的关注点投票，各自坚持自己的立场。这种由来已久的习惯往往能阻挠和挫败过于激进的改革，同时又能容忍变化和进步。

剑桥就像是一棵年长的苹果树，你既能看出它的年龄和沧桑，又总能看见园丁在树上修剪、嫁接，因此它每年都会发芽开花，结出新的果实。剑桥人知道，这是让苹果树保持长青的最好办法。剑桥大学最大的特点之一就是将传承与变革相结合，在守旧与创新之间找到完美的平衡。既不全盘否定传统，又不一味迎合新生事物，总是在不变中寻求改变，在改变中保持传统。这就是剑桥大学前行800年却历久弥新的动力之源！

CHAPTER 2

英国

The United Kingdom

牛津大学

University of Oxford

Dominus illuminatio mea.
上主乃我的光。
——牛津大学校训

牛津大学位于距伦敦西北方向 94 公里的牛津郡，为英语世界中最古老的大学，有记录的授课历史可追溯到 1096 年。莫顿学院是牛津大学最古老的学院，创建于 1264 年。据说，正是牛津大学的毕业生建立了剑桥大学，剑桥大学毕业生又远渡美国建立了今天的哈佛大学。牛津大学培养出了无数名人，包括英国国王、首相、政府元首、诺贝尔奖获得者以及大批著名学者。

拉德克里夫图书馆

拉德克里夫图书馆因其独特的穹顶而成为牛津大学的地标和美丽的天际线之一。这座美妙的巴洛克建筑由詹姆斯·吉布斯设计，圆形建筑物的灵感来自于雅典的风之塔。淡青色的圆顶、流畅的罗马式圆柱和粗犷率性的基底均显示出别样的生动和天真。该图书馆是牛津大学最权威的图书馆，牛津大学出版社出版的图书这里都有收藏。如今，图书馆的地下方圆几平方公里都被挖空做了藏书之所，如果将这些图书取出来放在书架上，书架将长达 190 公里。无论你是不是牛津的学生，都可以入内参观。拉德克里夫图书馆的英文名称叫 Radcliffe Camera，也许你和我一样会问，这个图书馆为什么叫 Camera？我专门查了辞典，Camera 一词来自拉丁文，是拱顶或房间的意思，用在这里和我们今天的“照相机”应该没有关系。

俯瞰拉德克里夫图书馆

牛津大学赛德商学院课程

2015 年，我率领新东方前途出国公司的管理团队去牛津大学赛德商学院进修，其中一节实战课在英国莲花一级方程式赛车维修站进行。经过短短一小时的辅导，我们这些平日的办公室一族竟然获得仅用 7.28 秒就更换完赛车四个轮胎的不俗成绩。通过更换赛车轮胎的训练，学习者深刻体验到团队协作中的种种细节：认识岗位、自我定位、及时反馈、协同调整、信任与支持……这是一堂令我们所有人记忆深刻的实践课。

霍格沃茨魔法学校的餐厅

基督教堂学院是牛津大学最大的学院之一。电影《哈利·波特》中霍格沃茨魔法学校的餐厅曾多次在该学院的食堂取景。这里也是牛津学子举办学院正式晚宴的地方，可同时容纳 500 人就餐。

Cuncti adsint meritaeque expectent praemia palmae.
让所有努力赢得桂冠。
——伦敦大学学院校训

伦敦大学学院

University College London

伦敦大学学院（简称 UCL）始建于 19 世纪 20 年代，最初名字是伦敦大学（London University）。1836 年，伦敦大学与伦敦国王学院共同成立伦敦大学联盟（University of London），正式更名为伦敦大学学院。学院与剑桥大学、牛津大学、帝国理工学院、伦敦政治经济学院一起被称为G-5（Group of Five），是英国顶尖名校之一。

伦敦大学学院拥有 4 万多名在校生，教学楼和校舍遍布伦敦，最早也是最大的校区位于伦敦市中心的布鲁姆斯伯里，享受着丰富的社会文化资源。

UCL 斯莱德艺术学院

校园景色

UCL 的主校区坐落于伦敦市中心，邻近大英博物馆和大英图书馆，伦敦高昂的地价使其成为"世界最昂贵的大学"之一。

UCL"精神之父"边沁

在崇尚无神论的哲学家杰里米·边沁的倡导下，UCL 成为全英第一所不分性别、宗教信仰和政治主张录取新生的大学。在边沁死后，按照他的遗愿，他的遗体被制成木乃伊永久保存。这具遗体除了头部，其余全部是边沁的真身。至于他的头去了哪里，有传说是被UCL的"死敌"国王学院的学生们偷走后当球踢了，也有传说是制作木乃伊的过程中头部没有处理好。有趣的是，大学校董会每逢重大决定，边沁会被推进会议室列席。假如表决结果是平，那么边沁的一票将决定胜负。校方介绍说，按规定他的那一票永远是赞成票。

伦敦眼

伦敦眼坐落在英国伦敦泰晤士河畔，总高度 135 米。整个摩天轮共有 32 个乘坐舱，每个坐舱可乘坐约 20 人，内外由钢化玻璃打造，乘坐一圈约半小时。在天气好、能见度佳的时候乘坐，你可以看到距伦敦近郊约 40 公里的温莎城堡。

出国留学等于成功吗？

很多人认为出国留学是成功的捷径，既能给自己“镀金”，也有利于未来的就业，那么出国留学就等于成功了吗？

出国留学不等于成功，也不等于幸福、财富和荣誉。留学本质上还是传统意义上的学习，或者说是我们传统学习概念的一种延伸，甚至会比我们传统意义上的学习更具挑战。

首先，出国留学意味着去到一个不同的地区或者国家，语言不同，文化不同，教育制度不同，社会形态不同，价值观不同。在完全陌生的异国他乡读书，无论是在学习还是生活中，我们都可能遇到很多不太适应的地方，甚至文化冲击，这就需要我们调整自己，在新的环境里掌握生存的法则。

其次，无论我们出国之前外语考试分数多高，录取学校的排名多靠前，做了多么充分的思想准备，出国后的适应期至少要几个月。我们需要学会照顾自己，适应学校的各种要求，完成课内外各项作业，尤其是发挥自己的主观能动性，用批判性的思维去表达观点，发出自己的声音。如果真正想要学有所成，我们需要付出超出常人的努力。

最后，因为是在异国他乡生活和学习，即便已经逐步适应，我们仍时不时会有一种漂泊感，一种深切的、难以克服的孤独。我常常说，留学的最初三个月是挑战最大的，扛住了这三个月，我们就能抗住三年的留学生活；扛住了三年的留学生活，我们就能扛住职场上三十年的拼搏，这就是留学带给我们的自信。因此，我个人主张年轻人在有条件的情况下，可以出去体验一番。

一句话，世界正走向全球化，我们需要国际化。出国留学不等于成功，却是我们走向成功的一条重要途径。

帝国理工学院

Imperial College London

帝国理工学院，全名帝国科学、技术与医学学院（Imperial College of Science, Technology and Medicine)，专业设置较为集中，并以工程、医科、商学等专业而著称。学校的地理位置非常好，位于伦敦市中心，几步之遥就是英国国家自然历史博物馆、皇家阿尔伯特音乐厅，与皇家音乐学院也只有一墙之隔。阿尔伯特音乐厅周围有一大片高端的公寓楼，物业主人有个规定：凡帝国理工学院的女生入住，一律优惠。但遗憾的是，帝国理工学院的男女生比例悬殊至 7:1。

充满现代化气息的教学楼

Scientia imperii decus et tutamen.
科学是帝国的荣耀和庇护。
——帝国理工学院校训

丰富的课外活动

校园中的“女王塔”

位于帝国理工学院南肯星顿校区中央的女王塔，是校园的标志性建筑。塔内悬挂着10口大钟，以英国王室成员的名字命名。每逢重要的王室成员生日或其他王室纪念日，大钟都会在下午敲响。

伦敦政治经济学院

The London School of Economics and Political Science

与帝国理工学院工科男数量形成鲜明反差，伦敦政治经济学院的女生占多数。伦敦政治经济学院是全英顶尖大学中唯一一所专注于社会科学、政治学、经济学的大学，专业性极强。值得一提的是，该校经济专业的含金量普遍被认为是全英第一名。许多金融专业的毕业生汇集于高盛、摩根大通、德意志银行等世界知名金融机构。

Rerum cognoscere causas.
了解万物发生之缘由。
——伦敦政治经济学院校训

教学楼入口处的标志牌上写着学校的英文简称，LSE

校园公共学习区

图书馆内的螺旋式阶梯

伦敦艺术大学

University of the Arts London

伦敦艺术大学是一所位于英国伦敦的书院联邦制大学，由六所教授艺术、设计、时尚和媒体的学院组成，是全世界最优秀的艺术大学之一，被称为艺术教育界的哈佛、剑桥。伦敦艺术大学共拥有 18 处校区，其中，位于伦敦市中心的中央圣马丁学院（Central Saint Martins）是英国最大的艺术与设计学院。

A creative constellation.
创意群星。
——伦敦艺术大学校训

中央圣马丁学院在一处废弃的仓库上修建而成，校园充满着古朴与现代相融合的设计美感。

中央圣马丁学院图书馆一角

中央圣马丁学院

中央圣马丁学院与意大利马兰欧尼学院、美国帕森斯设计学院、巴黎ESMOD高等时装设计学院并称为“世界四大设计学院”。该学院时装设计专业的毕业生大多被Dior、Gucci等国际知名品牌聘用，每年伦敦时装周上的毕业生时装作品发布会是诸多国际时装品牌和时尚传媒关注和挖掘设计新秀的焦点。著名设计师亚历山大·麦昆于1991年毕业于该校，并创立了自己的品牌。

教学楼里弹钢琴的男生

雨中的英国乡村

英国受地理位置的影响，气候多变，风雨说来就来。正因为这变幻莫测的天气，英国人出门习惯带雨伞，以防淋雨的尴尬。这样的天气给英国人增添了不少日常谈资，也培养了他们处变不惊的风度。也许大家没注意到，英国因为雨水多，植物也长得好，多了几分翠绿和鲜嫩。绵长的细雨像是耐心的保姆，把每一个角落和每一片绿叶都刷洗得干干净净，一尘不染，给空气中送出一阵阵青草和泥土的味道。我喜欢英国的乡村，精致有序，在雨后的乡村漫步更是别有情趣，带给人许多遐想和思绪。置身如此田园牧歌般的乡村，我们可能更容易理解湖畔派诗人华兹华斯描写的大自然之美，喜欢上他的生活态度——“朴素生活，高尚思考”（plain living and high thinking）。

雨中的英国小孩

雨后的丘吉尔庄园，彩虹当空

丘吉尔庄园

水天一色的庄园美景

丘吉尔庄园位于牛津郡，建于1705年，当时安妮女王将牛津附近数百公顷的皇家猎场赐予了马尔伯罗一世公爵约翰·丘吉尔（英国前首相温斯顿·丘吉尔的祖先），以表彰他击败法军的赫赫战绩。这座充满田园气息的大庄园号称比英国皇宫还美，不少英国人喜欢拿它与欧洲第一大的凡尔赛宫相比。庄园最中心的建筑是布伦海姆宫，在英国小说家简·奥斯汀的代表作《傲慢与偏见》里，女主角伊丽莎白的婶婶曾说，“去山区可以看看查茨沃斯的城堡，比较下它和布伦海姆宫哪个更美”，由此可见其在英国人心中的地位。

英国国家美术馆

英国国家美术馆位于伦敦市中心特拉法尔加广场的正北方向，建于1824年，当时仅有38幅画作，而今已收集了从13世纪至20世纪的2300多件馆藏绘画作品。馆内著名藏品包括达·芬奇的《岩间圣母》和《圣母子与圣安妮、施洗者圣约翰》，以及凡·高的名画《向日葵》。

出国留学应该做哪些准备？

在国外生活，有哪些是我们必须具备的本领？哪些是我们在出国前就应该准备好的？

出国留学无论对学生自己还是对学生的家庭来说都是一项重要的决定，所以充分的准备无疑是必要的。

首先是思想上的准备。出国不等于成功，只是传统学习观念的延伸。事实上，求学异国他乡对学生的动手能力、适应能力、语言能力和学习能力等都是一场更大的挑战。它需要学生在这个过程中展示充分的自信、科学的自我管理和顽强的拼搏精神。

其次是学习和考试上的准备。因为是出国留学，外国学生一般都需要通过一门外语语言测试，或者是英语的托福、雅思考试等。如果去非英语国家留学，比如德国、日本等，那就需要满足这些国家的特定入学语言要求。另外，到美国等个别国家留学读本科或者研究生，除了语言测试，留学生和当地学生一样，还要参加大学入学考试（SAT）或研究生入学考试（GRE）等。不过，这些考试的成绩再好也不等于以后的学习就不成问题了。由于环境和学习方式不同，大部分中国留学生出国之后仍然会有几个月的适应期，尤其在写作和口语表达方面，这是中国学生的传统弱项。

再次就是对相关留学目的国和即将就读的大学要有一定的认识。欧美发达国家多为教育大国，不同学校在不同专业和领域中各有优势，有许多优秀的学科带头人和知名教授，因此我们的选择和决策如果能和市场需求、个人潜力以及学校优势等几方面结合起来是最好的。

最后一点，如果在考试和成绩上不具备竞争奖学金的能力，学生家庭就要为留学做好经济上的准备。这是一笔不小的支出，也是自费留学的基本保障。

史前巨石阵

它是英国乃至世界上最重要的史前遗址之一，位于距伦敦120多公里的埃姆斯伯里。牛津大学的霍金斯教授通过仔细观察和严密计算后认为，巨石阵中几个重要的位置（主轴线及通往石柱的古道）似乎都是用来指示太阳在夏至那天升起的位置，而从反方向

看又刚好是冬至日太阳降下的位置。因此，巨石阵极有可能是远古人类为了观测天象而建的。据猜测，巨石阵约建于公元前 3000～2000 年。当时的人们究竟凭借何种手段移动如此重的石头，科学家们也给出了几种可能的解释，但至今尚无定论。

杜伦大学
Durham University

杜伦大学（又译作达勒姆大学）、牛津大学和剑桥大学是英国目前现存的保留学院制且最古老的三所大学。杜伦大学位于英格兰东北部城市达勒姆市区，靠近纽卡斯尔市。

近千年的杜伦大教堂

杜伦大教堂始建于 1093 年，到 1133 年才完工。它是英国第一座完全用石头盖顶的教堂，被联合国教科文组织评定为世界遗产。杜伦大学每年的新生入学典礼和毕业典礼都在这座大教堂举行。

杜伦大教堂内部走廊

校划船队员练习

划船是杜伦大学的学生社团传统项目之一，1877 年杜伦大学便成立了划船俱乐部。划船项目和其他体育项目的共性是都需要天赋加后天的努力，但划船相较而言更能磨炼意志、塑造品格，也更看重团队合作精神。

纽卡斯尔大学
Newcastle University

纽卡斯尔大学位于英格兰第五大城市纽卡斯尔市，建于 1834 年，是英国历史最悠久的大学之一，其商学院也是英国老牌商学院之一。该校口译与翻译研究院被誉为世界三大顶级高级翻译学院之一，有很多中国学生选择在该校读此专业。此外，该校的医学院一直位列英国医学院排行榜榜首，并且是欧洲第一个、世界第二个被授予人类干细胞研究许可的医学机构。

憨豆先生的母校

该校电子工程学院拥有很多尖端电子科技的研究项目。英国著名喜剧表演艺术家憨豆先生本科曾就读于此专业，之后赴牛津大学继续深造。上图为电气工程专业的教室。

充满历史感的学校建筑

纽卡斯尔的中国城

位于纽卡斯尔中国城入口处的牌楼由当地华人社团捐赠。每逢新年或中国传统节日，这里都会举办盛大的庆祝活动。在这里的餐厅，你可以品尝到许多家乡的美食。

初秋校园

华威大学
University of Warwick

华威大学位于英格兰中部华威郡与考文垂市交界处，建于 1965 年。虽然学校的历史与英国其他大学相比并不长，但它在欧洲以至全球范围内皆已建立起卓越的学术名望。该校商学院的就业率可以比肩伦敦政治经济学院，并常年与百事、维珍航空等世界知名企业合作，给学生带来了很多就业的机会。

Mens agitat molem.
精神凌驾物质。
——华威大学校训

陈列于华威大学商学院的一尊雕塑

校园内的公共休息区

莎士比亚小镇

对于学校所在的华威郡来说，最为著名的旅游景点是斯特拉特福镇（Stratford-Upon-Avon）。由于这里是英国伟大戏剧家威廉·莎士比亚的诞生地，因此也被称为莎士比亚小镇。

莎士比亚故居

右图建筑是位于莎士比亚故居入口处的老房子，建于16世纪，仍保留着当时的木造建筑原貌。这座建筑后面设有迷你剧场，会有演员现场演绎莎士比亚的作品，供游客观看。

伯明翰大学
University of Birmingham

伯明翰大学是中国学生最喜欢申请的英国大学之一。建校近两百年来，它凭借优异的教学和科研水平在世界各地享有极高的声誉。诺贝尔物理学奖、化学奖获得者以及英国首相都曾先后从这所大学走出。同时，大学所在的伯明翰市与伦敦相比生活成本低 40%～60%。在校园里即可搭乘火车，只需 7 分钟就可到达伯明翰市中心，30 分钟就可以到达伯明翰国际机场。

我与伯明翰大学的几位亚洲留学生合影

历史悠久的校园

由维多利亚时代发展至今，伯明翰大学始终享有学术盛誉。当你身临其境，悠闲地徜徉在这座百年学府中时，便会感受到它浓厚的历史文化气息。

Per ardua ad alta.
勤奋以达卓越。
——伯明翰大学校训

英国首座“红砖大学”的钟塔

伯明翰大学的校园内高高矗立着一座由红砖砌成的钟塔。它被人们亲切地称为“老乔（Old Joe）”，以纪念伯明翰大学的第一任校长约瑟夫·张伯伦。正是在他的努力下，英国在这里建成了第一所“红砖大学”（Redbrick University，是19世纪末到20世纪初，以英格兰六大重要工业城市命名并获得皇家许可的六所大学）。当地学生中流传着一个迷信的说法，如果敲钟的时候有人站在塔下，他的考试就会不及格。所以，每当钟声响起，大家都赶紧回去复习功课了。

利物浦大学

University of Liverpool

Haec otia studia fovent.
静而习之。
——利物浦大学校训

利物浦大学与伯明翰大学都是“红砖大学”的成员，建于 1881 年，位于英格兰第四大城市利物浦市。

该校设置了世界上独一无二的足球产业 MBA 课程，课程内容分为管理类课程、足球产业专业知识以及实习三个部分。其中，实习的场所包括俱乐部、经纪人公司、足球比赛主管机构，吸引了众多国际学生申请就读。

安菲尔德球场

该球场是英超利物浦足球俱乐部主场，球场内的气氛一直广受好评。无论什么时候，安菲尔德的球迷总在高歌，他们最常唱的歌曲是利物浦经典队歌《你永远不会独行》。

图中尖顶建筑是利物浦大学维多利亚博物馆

从利物浦走出的甲壳虫乐队

甲壳虫乐队（The Beatles）是利物浦的城市名片。20 世纪 60 年代，由四个年轻人组成的摇滚乐队在利物浦横空出世，从此一个神话诞生了。甲壳虫乐队对于流行音乐的革命性发展与影响力无人能及。右图是位于利物浦的甲壳虫乐队纪念馆的一景，这里记录了乐队的每个重要时刻和解散后成员们各自的生活。

“美惠三女神”

位于利物浦默西河畔的皇家利物浦大厦、丘纳德大厦和利物浦港务大厦统称为“美惠三女神”，是利物浦的象征，见证了 19 世纪后期至 20 世纪初期这座城市的辉煌。

利物浦这座位于英格兰西北部的城市与中国上海在 1999 年缔结为友好城市，可以称得上是英国之上海。如果你去过上海外滩并仔细观察过那里的几座西式建筑，会发现与上图中这三座建筑长得极其相似，因为它们都是出自同一个设计师之手。

拿到录取通知书后，应该做些什么？

拿到录取通知书、即将奔赴国外读书的学生应该做哪些准备，以便更好地适应即将开始的留学生活呢？

申请留学的结果大部分在每年6月份都已尘埃落定，这个时候，学生手里也已经有了海外学校的录取通知书，也许正在准备9月份的开学报到。针对这些同学，我有如下三点建议：

一、千万不要浪费暑假这几个月的宝贵时间。在短暂的庆祝和狂欢之后，你需要尽快投入开学前的预热，除了温习外语，更重要的是去熟悉国外不同的教育制度，有意识地进行一些创造性思维和批判性思维的训练，包括口头表达和外语写作，以弥补中国学生的普遍弱项。抓紧阅读一些英语原版书，尤其是通识教育类书籍和专业领域的入门书。实在看不懂英文原版书，看翻译过来的中文书也行，主要是去熟悉即将要面对的各种教学大纲和相关课程，缩短入校之后的适应期。

二、可以通过互联网、微信等寻找相关的校园信息，主动结识一些已经在那里读书的前辈，或者同校的新生，大家可以交换意见，互通有无，抱团取暖。这种来自同一个圈子的真实信息会帮助学生快速了解学校的基本情况，对校园文化，某些选修课、必修课的注意事项，各专业的特征，新生实习和老生就业等了然于心，帮助你做到万事胸有成竹。

三、准留学生要有充分的思想准备，出国留学不是欢欢喜喜的旅行，而是拼搏和奋斗。我们到一个语言、文化、制度和价值观都与中国不尽相同的地方去学习，甚至要和许多当地学生比拼，只会比在国内上学更具挑战、更为艰难。如果你想真正提升自己，学有所成或出类拔萃，那么你就必须要付出不亚于任何人的努力。记住，机会永远只会留给那些有准备的人。

圣安德鲁斯大学
University of St Andrews

圣安德鲁斯大学是苏格兰最古老的大学，在英语世界中，论资历也仅次于牛津和剑桥。学校沿袭了不少之前的传统，其中最具代表性的便是在大学的各个角落，你都能见到穿着红袍的本科学生以及穿着黑袍的神学院学生。另外一个独有的传统是，刚入学的新生要从高年级的学生中寻找一位学长作为引导自己学术和社交事务的非正式导师，指导自己的学习，不同年级的学生也因此建立起紧密的情感纽带。该校的英语和创意写作、哲学、物理学、国际关系等专业属英国顶尖水平。

学校教学楼

Ever to excel.
永远做到更好。
——圣安德鲁斯大学校训

探寻英国名校团队成员在学校草坪上的留影

古老而又浪漫的校园

圣安德鲁斯大学还是威廉王子和凯特王妃的母校，他们在这里读书时相识相恋。2013 年，王子和王妃专程重返母校，出席圣安德鲁斯大学建校 600 周年的活动。

位于圣安德鲁斯海岸旁、临近北海的城堡遗址，近千年来被当作过寝宫、要塞，还当过牢房。

格拉斯哥大学

University of Glasgow

格拉斯哥大学位于英国第三大城市格拉斯哥市，建于 1451 年，是全球最为古老的十所大学之一。大学下辖的图书馆总数超过 85 所，是全英国第四大综合图书馆，仅次于大英图书馆、牛津大学图书馆和剑桥大学图书馆。格拉斯哥大学作为国际学生申请人数最多的英国大学之一，较受欢迎的专业有财经、管理、法律、教育等。

Via. Veritas. Vita.
方法，真理，生命。
——格拉斯哥大学校训

学校主楼中央的哥特式回廊

亚当·斯密商学院

格拉斯哥大学的商学院享誉世界，以学校著名的校友——“经济学之父”亚当·斯密命名。该商学院是苏格兰最大、英国第二大的商学院，也是格拉斯哥大学的王牌专业。

亨特博物馆

亨特博物馆为格拉斯哥大学所有，是苏格兰最早的公共博物馆。该博物馆建于1813年，以英国外科先驱约翰·亨特的名字命名。馆藏文物中包括中世纪的奇珍异宝、恐龙化石和木乃伊等。

爱丁堡大学
University of Edinburgh

Nec temere, nec timide.
切勿鲁莽，也莫胆怯。
——爱丁堡大学校训

爱丁堡大学创建于 1583 年，坐落于英语北部城市爱丁堡，是英语国家中第六古老的大学，商科和生物是其优势专业。学校与格拉斯哥大学一起，是 18 世纪苏格兰启蒙运动的重镇。

爱丁堡是苏格兰的政治文化中心，也是欧洲最美丽的城市之一，知名学府、艺术画廊、美术馆和博物馆林立。每年 12 月至次年 1 月，爱丁堡都会举行盛大的新年庆祝狂欢节活动。活动期间，人们会聚集在市中心的王子街，互道“新年好”，并邀请友人一同庆贺，极具苏格兰风情。

校园里的古老建筑

司各特纪念雕像

沃尔特·司各特，英国 19 世纪著名历史小说家和诗人，毕业于爱丁堡大学，最为著名的作品是《艾凡赫》。

爱丁堡大学信息学院

该学院是世界一流的信息科学研究机构，曾设有计算机科学系、人工智能系、认知科学系。如今，该学院将这些系整合为一个学科，统称为信息学。

《哈利·波特》的诞生地

大象咖啡馆是爱丁堡有名的咖啡馆，因为 J. K. 罗琳曾在此写作《哈利·波特》而声名大噪。

爱丁堡城市建筑上的雕塑，在晚霞中显得庄严肃穆。

英国女王大学
Queen's University Belfast

英国女王大学坐落于北爱尔兰首府贝尔法斯特市的南部，也被称为贝尔法斯特女王大学。学校拥有一流的教学科研仪器设备，其中计算机设备和交互多媒体教学体系在全英大学中居领先地位。贝尔法斯特市的空中交通便利，每天有 35 趟航班来往于伦敦，空中飞行时间只需一小时。当地华人较少、物价较低，拥有较为纯粹的语言环境，吸引了众多国际学生。

Pro tanto quid retribuamus.
被给予如此之多，我们何以为报？
——英国女王大学校训

学校礼堂

构思巧妙的大鱼雕像

贝尔法斯特拉根河码头边有一座大马哈鱼雕塑，其身上的鳞片全部由陶瓷打造而成，且每片陶瓷都自成一幅画作。这座充满艺术感的雕塑是贝尔法斯特最吸引游客镜头的景点之一。

校园一景

卡迪夫大学

Cardiff University

卡迪夫大学是一所位于英国威尔士首府卡迪夫的一流大学，以其领先的科研水平而闻名世界。该校于 1884 年取得皇家许可状， 并成为威尔士地区唯一入选英国罗素大学集团（The Russell Group）的大学，该集团素有“英国的常春藤盟校”之称。卡迪夫大学有科学而广泛的课程专业设置，为学生提供优良的学习设施。作为领先的研究机构，大学旨在创造富有激励性的教学环境，从而确保学生接触到最新思潮，获得最先进的技术和设备支持。

大学主楼会议室

《神探夏洛克》取景地

卡迪夫大学的主楼是知名英剧《神秘博士》和《神探夏洛克》的取景地。该校还与 BBC Wales（英国广播公司威尔士分部）签订了长期的合作协议，为 BBC 戏剧制作中心之一。

教学楼内一景

Truth, unity and concord.
真理，团结与和谐。
——卡迪夫大学校训

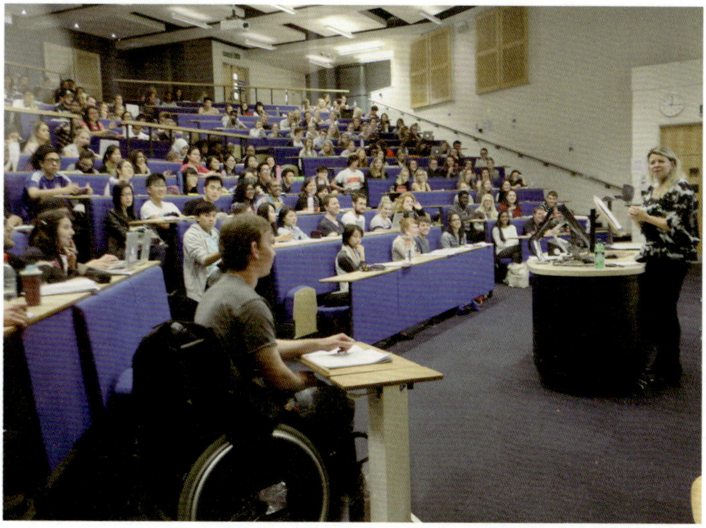

校园里的残疾人友好设施完善，讲座厅还专门设有残疾人座位。

走过英国，留下最温暖的记忆

我们生活中的许多事情是无法设计的，有时候甚至会越来越偏离你的原定目标，一路上也因此收获了不同的经历和记忆。我的英国之行就是这样的一段难忘经历！

20 世纪 90 年代中国掀起了出国热潮，我也是其中的一员，想去美国读研，但因为自己数学基础差，加上不擅长 GRE 考试，无法去竞争奖学金，就掉头自费留学去了澳大利亚。原计划在墨尔本继续攻读英语语言学专业硕士，却担心英语专业毕业后不好找工作，又听同学建议改道去悉尼读了国际传播。毕业后侥幸被上海东方电视台录取做国际部记者，却又在悉尼参加了一场英国广播公司的招聘考试并有幸拔得头筹，于是有了 1998 年去英国伦敦 BBC 国际台总部做记者的经历。

得知自己被 BBC 录取的情景今天还历历在目。当时我正在和几位同学吃散伙饭，大家即将结束留学生涯各奔东西，个个显得踌躇满志，对未来也充满期待。电话响了，一口纯正的伦敦音从电话那头传过来，我先是一惊，立马从半醉状态中清醒过来。对方确认我身份后告知我已经正式被 BBC 录取，希望我尽快准备相关材料，办理赴英的工作签证。这下我才缓过劲来，确信这不是恶作剧。挂了电话，我转脸对酒桌边的同学大喊一声，我要去英国工作啦！

能赴英工作是当时留澳学生都羡慕的事，进 BBC 国际台做记者更是许多英语学习者的梦想。从澳大利亚到英国，虽然我已经有了一定的心理准备，但到达英国后的所见所闻对我来说依然是新鲜的，而记者这份工作更是给了我不少的磨砺。

进入 BBC 这个在全球享有盛誉的新闻机构工作，我首先感受到的是大机构在管理上的规范性、条理性和科学性。BBC 这个媒体重镇就犹如一个巨大的工作间，总厂分厂和各条装配线都有明确的分工，每个人都肩负不同的职责。每天无数条新闻从世界各地汇总到国际台的新闻室，新闻室再根据地区特征对新闻进行分类，值班主编再确定每天的播出内容次序。每个驻内记者就像流水线上的作业工人，一起串成了 BBC 巨大的新闻网。

当时我在 BBC 亚太区中文部做国际时事，虽然研究生专业是国际传播，读书时也有一定的新闻实习经历，但在伦敦真枪实弹干活时还

我在 BBC 工作时的照片

BBC 办公楼外观

是很有压力的。为了确保新闻的时效，大部分记者要轮流上早中晚班，确保 24 小时不间断地滚动新闻。一个萝卜一个坑，无论值哪一班，每个记者每天都有固定的工作量，要负责节目里某一部分某个时间段的节目，从前期策划到采访，到翻译，再到后期制作合成的所有环节都需要独立完成，而且还要身兼数职，采访、撰稿、编辑、剪辑等一样不落。

BBC 的工作节奏很快，新人几乎无法按时吃饭。印象中有好几次我都是赶在最后一分钟冲进演播间，递上自己完成的节目卡带，不过，工作的高压也帮助我更快速地成长。BBC 这个大机构的有序运作让我拓展了视野，感受到科学分工带来的效率，独立工作的经验也让我学会了更好的自我管理。同时，BBC 的新闻采播理念和内部培训也让我对新闻的内涵有了更深刻的理解。这段工作经历无疑在我后来的公司管理中发挥了重要作用，让我避免武断的结论，养成了多方聆听和理性判断的良好习惯。

伦敦是一个历史悠久的城市，处处都是故事和典故，同时它又吐故纳新，不断散发出现代化国际大都市的魅力和活力。这种传统和现代的完美融合背后是创新理念和思想的驱动，而这些驱动力又离不开英国引以为豪的大学。BBC 国际台的总部就坐落在泰晤士河边的伦敦黄金地段，前面挨着伦敦政治经济学院，后面靠着国王大学，伦敦大学学院、圣马丁艺术学院、伦敦商学院等也都近在咫尺，闻名世界的牛津大学和剑桥大学也不过一小时的车程。这么多名校与伦敦的街道和建筑纵横交织，成为这座城市源源不断的动力来源。

BBC 办公楼内一景

英国的很多大学已经有超过几百年的历史，它们的思想和教学理念代代相传，又与时俱进，不断创新求变，吸引着一批批来自世界各地的留学生。英国的教育重视个人主观能动性的发挥，重视培养学生批判性和创造性思维，激发个人潜能，也追求学术的独立性。这样的氛围造就了许多国际顶尖人才和学科带头人，不论是大学的排名还是诸多领域的科研水平都位居世界前列，时尚、音乐和体育等领域的发展也在引领世界潮流，形成了一个立体又厚重的当代文化根基。在伦敦，你不仅可以感受到沉甸甸的历史，也可以学到先进的知识，追赶前卫的理念，还可以放慢脚步，或者坐在街头发呆，看着来来往往的人群，边听音乐边喝咖啡，在温暖的午后阳光里享受伦敦精美的雕刻时光！

CHAPTER 2

英国

The United Kingdom

家庭教育是根本，全球视野是未来

言传身教是最好的家庭教育

每个孩子的教育通常都是由三部分组成的——家庭教育、学校教育和社会教育。大部分孩子从出生到独立走上社会，会和父母一起度过接近20年的时光，这段时间也是孩子接受教育、形成自己的思维方式和长大成人的关键时期，所以家庭教育在孩子发展过程中举足轻重，父母的一言一行无时无刻不在影响着孩子的价值观。

孩子们从小到大并不缺少成长的榜样，周围不乏佼佼者，但我们往往缺少身边的榜样。英文中有一句谚语，叫“like father, like son”，有什么样的父亲，就有什么样的孩子。同样道理，什么样的家庭就会诞生什么样的孩子，孩子就会有什么样的价值观。我们都希望孩子能文能武，身心愉悦，德智体全面发展，那么作为家长，我们有没有做到言传身教，身体力行呢？比如说你希望孩子读书，家长平时也在读书吗？你希望孩子不玩手机，家长有没有在玩手机？你希望孩子去接触大自然，你有没有陪伴他们去看月亮数星星，有没有带着他们去跋山涉水，去观赏一草一木，去认识这个世界呢？如果我们自己做不到，我们又如何去要求孩子做到？如果家长自己在生活中不能成为遵纪守法的好公民，我们又如何能要求孩子做一个向上向善的好孩子？不要忘记，榜样的力量是无穷的！

孩子都是不同的个体

家长都想让孩子上世界名校，希望他们找到好工作，过上更美好的生活，这都是可以理解的。但是我们不能忽视的一点是，孩子的世界和成年人的世界一样，每一个孩子都是不同的个体，心智发展有先后，能力也会不同。他们就像森林中一棵棵树，有些树因为长得高大而引人注目，有些

英国乡村风光

树因为花开得艳丽而备受关注，但有些树既不高大也不艳丽，但通过经年累月的生长，也能成为栋梁之材。我们在现实中也该顺应孩子的兴趣，尊重他们的个性，鼓励多元化的成长。有的孩子智商高，有的孩子情商高，有的孩子就是动手能力强，有的成绩一般的孩子走上社会后会如鱼得水，迸发出令人震惊的能量。

在西方的不少中学和大学里，因材施教和尊重个性是他们的一大办学理念，哈佛大学的学生数量并不算大，但学校居然每年为学生提供6000多门选修课。每一个学生几乎都能够找到适合自己兴趣点的选修课，然后从这个点出发，结合自己的潜力和学校的资源，持续不断地专研和探索，一路去寻求更好的专业发展。在国外的很多高校，80%左右的同学可以获得双学位，其中一个学位是考入这所学校时选的专业，另一个学位往往是后来根据自己的兴趣爱好选修满学分而获得的。这种宽松的制度不仅为孩子提供了更多的竞争优势和选择机会，也会让他们在大学毕业后不至于在一份高薪工作前停滞不前，安于现状，而是不断创新，持续发力，最后成就一番事业。

学习比学分更重要

家长在意孩子的学分无可厚非，但过分在意就会导致我们的动作变形，迷失方向，忘记教育的规律。我坚信学习有时候比学分更重要，学习是一辈子的、长久的、全方位，而学分是阶段性的，是单一的，只是代表你在某个阶段中取得的局部成绩。中国的教育和西方的教育都各有利弊，也都在相互学习和借鉴。西方经常鼓励他们的孩子学习亚洲孩子的勤奋、刻苦和扎实的基本功，我们在不断鼓励孩子学习西方的创新力、批判性思维。

我常常问自己，中国有那么多的孩子学习奥数，甚至在各种大赛上获奖，但为什么很少有人毕生去搞数学研究，最后成为世界著名的数学家？可能在这个学习过程当中，我们的目标短小了一些，我们的想法功利了一些，我们把获奖变成了加分的捷径，以读名校、找到一份高薪工作为目标，孩子自然不会有持久发展的动力。所以，即使孩子赢在了起跑线，也可能会输在终点线。今天的世间瞬息万变，行业的格局、世界的格局都在不断变化，我们的孩子要跟上时代的步伐，就需要不断学习，与时俱进。

身心健康是第一位的

要让孩子真正与时俱进并保持可持续的发展，有一样东西比学习更加重要，那就是身心的健康。英国哲学家、教育家约翰·洛克在他的《教育漫话》里开篇就说：“我们真正丰富的、愉快的思想一定是来自于一个强健的体魄。”我个人认为，孩子的身心健康在国内的教育中没有得到应有的重视和关注，甚至被忽视，这是相当遗憾的一件事。如果说让我来排序，我会把身心的健康排在第一位，价值观的正确排在第二位，知识的获取排在第三位，著名学者胡适在他的《留美日记》中也表达了类似的观点。

美国许多中学和高校都非常在意学生的身心健康，校园里都有心理咨询师和设施齐全的体育中心。美国西点军校的同学有30%～40%的时间是花在体能素质的训练上，这所军校不仅出了许多军事家、政治家，还出了很多企业家，并获得了“美国企业家摇篮”的称呼。你也许会觉得这是因为西点毕业生拥有坚定的意志、协同作战的能力、不达目标不罢休的品质，但正如一位西点军校毕业的企业家曾对我说的那样，西点军校的毕业生走上战场，每个人都是身体素质和心理素质同样过硬的军事指挥官，他们在战场上所做的每一个决定都是生死攸关的，只有拥有这样素质的指挥官才能在现实中打胜仗！

国际视野是未来

家庭教育是一切教育的立足点。没有了这个立足点，孩子就会像无源之水，即便处于我们今天这个伟大的时代，孩子也并不一定能够找到自己的位置。有了立足点，我们还要看得远，孩子在今天的世界格局里更需要有国际视野。

国际视野不只是出国留学或者学习外语这么简单的事，它更是一种时代感，是高远的眼光，世界公民的意识，跨界的能力，和先进的理念、思想、格局、胸怀，以上种种共同构成了21世纪的人才观。

世界在全球化，未来的人才需要国际化。在这个过程中，我们的孩子既需要进行扎实本土文化的洗礼，又需要接受更多国际通识教育的熏陶。无论你未来攻读文科、理科、工科、法律，还是医学，想真正成为一位杰出的专业人才或科学家，你都需要有扎实的人文知识的架构，来加深对世界的认识和理解。

家长都有一个共同的美好心愿，让孩子更加健康快乐地成长，过上幸福和有尊严的生活。这需要千千万万的家庭、学校和社会共同努力。家庭为孩子的教育和成长提供基石，学校用先进的教育理念和思想传递知识，社会为家庭和学校提供健康的大环境，三者携手并进，我们的孩子才能更加自信从容，拥有更加美好的未来！

探寻英国名校团队成员变身麦田守望者

我在 BBC 电视模拟主持间

大本钟

女王大学教学楼

泰晤士河

牛津大学

伦敦地铁站

格拉斯哥大学教学楼内

杜伦大学前往毕业典礼的学生们

伦敦塔桥

可爱的小球迷

CHAPTER 3 第三章

澳大利亚

2015 年 3～4 月，

探寻澳大利亚名校之旅。

多元文化与壮美自然的碰撞，

孕育出独特的教育魅力。

关于学生就业情况的深入探访是本次澳大利亚穿越活动的一大特色，让我感受最深的是，读书只是当地学生生活的一部分。最好的教育，就是能让每个人的脸上都洋溢着自信和欢乐，每个人都能找到施展自己才华的地方，每一个人都有被别人承认、接受和尊重的地方，这些才是让学生们终身受益的最宝贵的东西。

扫描二维码

观看探寻澳大利亚名校之旅纪录片

乌鲁鲁巨石

悉尼大学

University of Sydney

悉尼大学是澳大利亚的第一所大学，建于1850年，是六所“砂岩学府”的领衔者，也是澳大利亚八大名校联盟的核心成员。悉尼大学的商学院、法学院、工程学院和医学院的学术研究和教学水平居澳大利亚顶尖水平。在社会各个重要行业的领导者中，该校毕业生几乎占据了半壁江山。

学校所在的城市悉尼是澳大利亚最大的城市，也是南半球经济最发达的城市，被认为是全球最美丽的城市之一。沿着城市绵延的海岸线，还有许多著名的旅游景点，比如悉尼歌剧院和海港大桥等，吸引着世界各地的学生和游客。

Sidere mens eadem mutato.
繁星纵变，智慧永恒。
——悉尼大学校训

悉尼大学“考试树”

在悉尼大学主教学楼前，曾经有一棵树冠直径达18米的蓝花楹。据说这棵树最初种植于1928年，并因在每年10至11月份的考试季盛开而被老师和学生称为“考试树”。相传如果在此树开花之前还没有开始复习，开花之后又不小心让花瓣落在身上，学生就要“挂科”。多年来，“考试树”一直是悉尼大学校园的标志物和学生拍摄毕业照的首选背景，只可惜在2016年10月，这棵树被大风刮倒了，令许多校友为之惋惜。现在看来，我于2015年拍摄的这张照片还是显得极其珍贵的。

涂鸦走廊

很难想象古朴的悉尼大学居然能容忍学校里有一条如此特立独行的涂鸦通道存在。古老与现代所形成的鲜明反差也恰恰印证了悉尼大学恪守160多年的校训——“繁星纵变，智慧永恒”。

新南威尔士大学
University of New South Wales

上图中穿越该建筑的通道可不是普通的通道。每逢考试季，学生都会绕道而行，因为相传从这里经过，考试就会挂科。

图书馆里认真学习的学生

新南威尔士大学同样位于悉尼，是一所以工程类专业起家的新兴大学，拥有澳大利亚最全的工科类专业，是澳大利亚高新科技研究的代表性大学。

学校在能源工程和节能环保领域的研究尤为突出，注重高新技术人才的培养，被誉为“精英实业家的摇篮”。中国著名的太阳能产业领军人物施正荣先生，就师从该校太阳能电池权威、2002年正确生活方式奖（也被称为“诺贝尔环境奖”）得主马丁·格林教授。

此外，新南威尔士大学的商科、法律等专业排名也非常靠前，有着“澳大利亚CEO摇篮”之称。

Scientia manu et mente.
实践思考出真理。
——新南威尔士大学校训

悉尼科技大学

University of Technology Sydney

悉尼科技大学因在商科、法律、教育、科技等多个领域的综合成就而备受关注。学校的成功之处在于其课程采取面向行业应用和研究的方式，科学而务实地将理论知识和实用技能相结合，以保持课程的实用性和先进性，其毕业生在职场很有竞争力。值得一提的是，学校设有 Insearch 学院，为希望进入悉尼科技大学攻读本科和硕士课程的国际学生提供英语课程和本科快捷课程。

商学院报告厅

设计独特的商学院

Think. Change. Do.
思索，革新，创造。
——悉尼科技大学校训

周泽荣楼

左图为悉尼科技大学著名的商学院大楼，被称为“世界上最美的牛皮纸袋”。大楼是由被誉为“建筑设计界的毕加索”的著名建筑师弗兰克·盖里所设计，可与悉尼歌剧院相媲美。该大楼以主要捐建人、著名澳籍华人周泽荣博士的名字命名。据称周先生因儿子周言锦曾就读于该校建筑系，故为此楼捐赠了 2500 万澳元。

麦考瑞大学

Macquarie University

麦考瑞大学建于 1964 年，位于悉尼，以英国派驻新南威尔士州的第五任也是最后一任总督拉克伦·麦考瑞的姓氏命名。麦考瑞本人对新南威尔士州乃至整个澳大利亚的经济、社会发展产生了深远影响，故被称为“澳大利亚之父”。

麦考瑞大学极富进取精神，是澳大利亚第一所开设精算课程的大学，不但在商科、会计、金融领域成就卓著，其翻译、传媒专业毕业生也遍布世界各地。据说上海的会议翻译人才有很多都毕业于麦考瑞大学。我自己也曾在麦考瑞大学学习传媒专业，毕业后进入 BBC 工作。

And gladly teche.
寓教于乐。
——麦考瑞大学校训

空气动力学实验室

机器人图书馆

麦考瑞大学设计开发的图书自动借阅系统也应用于该校的图书馆，俗称“机器人图书馆”。学生只需轻点鼠标，图书就会自动被检索和运送出来，快速完成借阅。上面两幅照片分别展示了该校图书馆的外观和内景。

科利耳公司大楼

依托自身的科研优势，麦考瑞大学将科学研究成果积极地应用于实践当中，并与产业相结合建立了自己的科技创业园。著名的助听器生产商科利耳公司就坐落在该创业园中。

坐落在麦考瑞大学校内的澳大利亚听力实验室

CHAPTER 3

澳大利亚

Australia

迷人的悉尼

1996年我第一次出远门，是去澳大利亚留学。在此之前，我对澳大利亚的印象是零碎的，有的来自电影《鳄鱼邓迪》，有的来自小说《荆棘鸟》，有的来自外籍教师的描述。后来的事实证明，尽管我已经做了充足的心理准备，悉尼的美还是超越了我的想象——碧水蓝天，白色的沙滩，郁郁葱葱的森林，干净的街道，还有那耀眼的阳光。悉尼连续多年被评为世界宜居城市，不夸张地说，它是这个世界上最迷人的海港城市之一。

有机会你一定要去悉尼的环形码头看一看，去悉尼歌剧院听一场不一样的音乐会！

留学之后应不应该回国就业？

“毕业后要不要回国”让很多留学生颇为头疼，有人担心回国后没有竞争力而选择留在国外，也有人难以忍受思乡之苦选择回国。毕业工作，到底应该如何选择？

留学生结束学业后是想办法留在国外还是尽快回国发展曾经是留学生最纠结的问题之一。

但是在过去的十几年里，由于世界格局的变化和国内经济的持续高速增长，加上创新创业条件的不断成熟，学成回国的留学生人数每年都在飙升。过去几年，每年回国的留学生总数达到甚至超过了当年出国总人数的85%，相比过去留学生想方设法拿绿卡，甚至不惜牺牲名誉“黑”在国外的现象，这是一个惊人的数字，也从侧面说明了全球一体化背景下中国的崛起。从这个意义上讲，中国提供了更多的就业机会和更大的职业发展平台，回国就业已经成为近年大部分留学生的首选。

从我个人的经验而言，如果留学生在结束留学生活后有机会、有能力在国外的企业,尤其是一些优秀的公司实习或者工作几年还是非常值得的，也将是特别宝贵的工作经历。我们大部分中国学生，无论是出于习惯还是传统，喜欢一口气把书读完，读到硕士甚至博士毕业还都没有任何工作经历，大部分优势都体现在成绩单上，而不是在实操层面。而我们当初出国留学的一个重要宗旨就是去学习其他国家在文化、科技、经济、社会体制等方面的先进经验。改革开放几十年来，我国在各个领域取得的成就和突破与学习借鉴外国的先进经验息息相关。因此，如果读完书就匆匆回国，不在国外的公司里和社会上打拼几年，去亲身感受一番，这对留学生而言多少是个缺憾。不过最终，我仍然鼓励留学生回到祖国这片热土，投身到中国的建设和发展中来。

CHAPTER 3

澳大利亚

Australia

Naturam primum cognoscere rerum.
从认清事物的本质开始。
——澳大利亚国立大学校训

澳大利亚国立大学

Australian National University

澳大利亚国立大学，位于澳大利亚首都堪培拉，是澳大利亚唯一依据联邦国会专项法案而创立的大学，因此校名中用“国立”以区别于其他由各州议会立法而设立的公立大学。学校拥有一柄与牛津大学同根同源的银色权杖，是牛津大学所赠，象征着校长与校监的学术权威，同时也体现对学术的敬畏。

澳大利亚国立大学的教学及研究水平在国际上享有盛誉，计算机、精算等专业久负盛名。学校教学和科研设施先进，学生可以在这里享受良好的学习和科研环境。

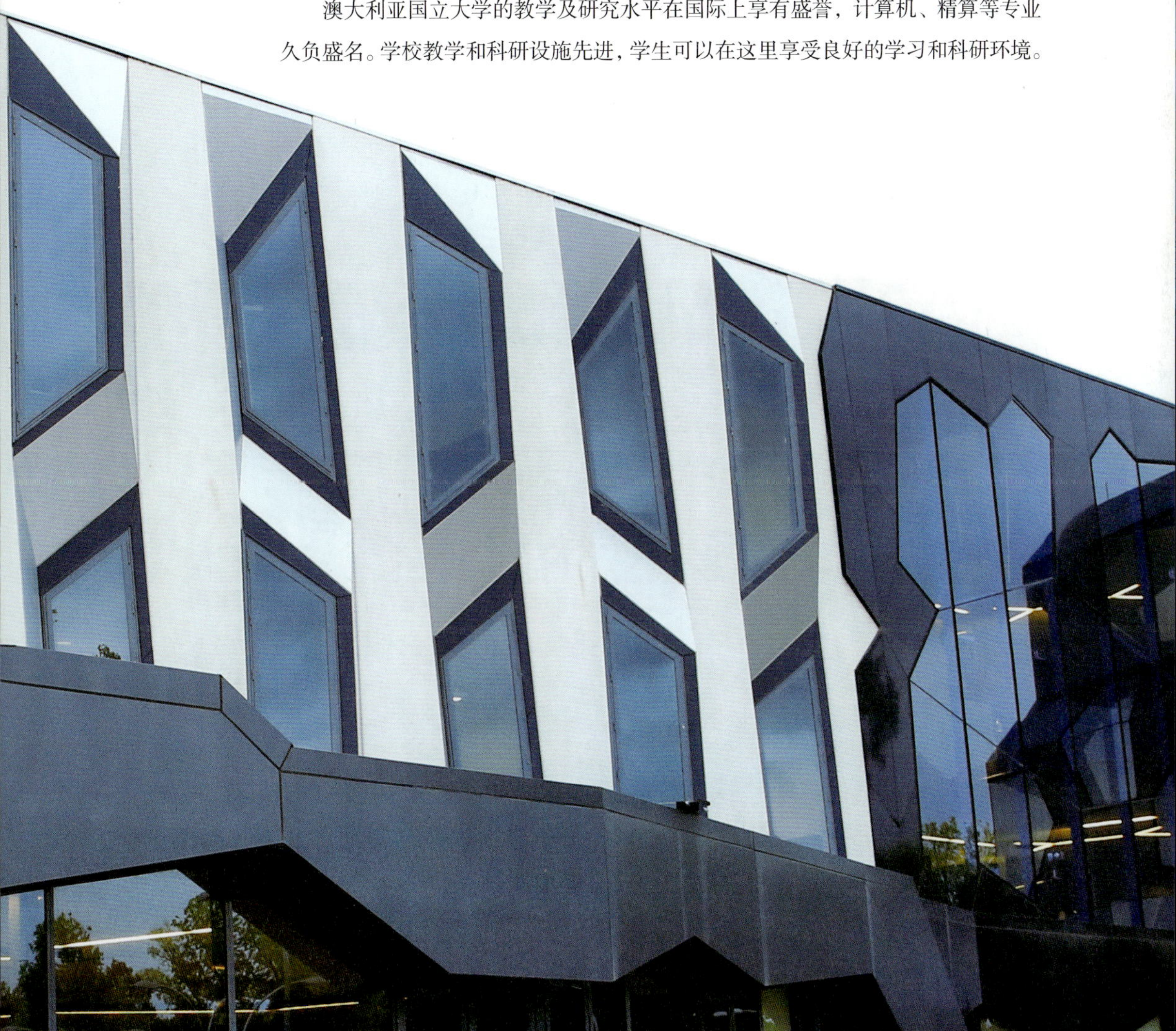

墨尔本大学
University of Melbourne

墨尔本大学建于 1853 年，历史悠久但却不乏创新精神，引领了澳大利亚教学革命。2008 年，墨尔本大学首倡“墨尔本模式”，将传统的大学教学模式改为“三年基础教育 + 两年硕士”，仅设置人文、理学、经济、生物医学、环境和音乐等六个“新生代本科学位”，倡导学生通过基础知识的学习，获得全面综合的发展；而在研究生阶段侧重培养学生的职业素养，培养出众多工程师、律师等专业人才。

Postera crescam laude.
我们将在后人的敬重中成长。
——墨尔本大学校训

由于学制延长，这项改革在最开始实施时受到在校学生的强烈反对，学生甚至背着校徽走上墨尔本大街游行。但现在来看，这一改革还是很有成效的，夯实了学生的知识基础，也提高了墨尔本大学的科研水平和学术地位。“墨尔本模式”实施之后，澳大利亚一些大学公开表示将效仿，即使对此模式持保留意见的大学也开始重视自己的教学改革。

图书馆一角

校园一景

POSTERA CRESCAM LAUDE

THE UNIVERSITY OF
MELBOURNE

墨尔本大学校徽

右图中的蓝色图案即墨尔本大学的校徽。校徽以蓝色盾牌为底，中心是手持桂冠、展翅飞舞的胜利女神，她象征着勇气和希望，鼓舞人们战胜困难。

皇家墨尔本理工大学

RMIT University

皇家墨尔本理工大学建于 1887 年，最初只是一所职业培训学院，因其课程具有很强的创新性和实用性，毕业生在职场竞争力强，渐渐发展成为一所高等教育综合学府，至今仍在全澳高校毕业生就业排行榜上名列前茅。这所学校的设计专业在澳大利亚乃至全球都享有美誉，包含建筑设计、时尚设计、纺织品设计等，且课程都是在实际操作中完成，还辟有专门的工作室供学生学习使用。设计专业的申请竞争激烈，对于作品的要求较高，学校在选拔学生时更加注重设计理念和设计技巧。

RMIT 最早只有一栋教学楼，后来收购和改建了多座建筑才形成了自己的一个个校区，散布在墨尔本市的多个地方，比如原来的墨尔本监狱就被改造成现在 RMIT 的教学楼之一。

位于城市校区的斯万斯顿学术大楼

时装与纺织学院工作室入口

游戏设计本科教室

制鞋工作室

Perita manus mens exculta.
灵巧之手，文明之心。
——皇家墨尔本理工大学校训

制衣工作室

RMIT 时装与纺织学院

该学院致力于运动压力类服装的研发。由该学院师生共同设计的辅助烧伤患者治疗和减少疤痕的医用压力衣，既透气又能吸收汗液、气味和热量，全天 24 小时穿着都无不适感。

迪肯大学

Deakin University

学校艺术展览馆

迪肯大学同样位于澳大利亚维多利亚州首府墨尔本市，成立于 1974 年，是一所大型综合性学府，教育学、心理学、信息技术、传媒、建筑等是学校的热门和优势专业。学校提供学士、硕士、博士课程，以及专业训练和员工培训等项目。

作为一所年轻的大学，迪肯大学成功地将重视教学和研究质量的传统与开拓创新、紧跟时代潮流的精神结合起来，不断寻求课程开发与教学改革的新模式，比如通过远程教育和网上教育，打破旧有的教学形式，为学生创造了更多学习的机会。

蓝天下的图书馆

健康科学学院

丰富多彩的学生社团活动

课间休息的学生们

CHAPTER 3

澳大利亚

Australia

蒙纳士大学

Monash University

蒙纳士大学，原译称“莫纳什大学”，后取“招贤纳士”之意，学校官方更中文名为现名。学校建于 1958 年，也位于墨尔本市，以第一次世界大战期间澳新军团司令，兼具军人、学者、工程师身份的约翰·莫纳什的姓氏命名。

蒙纳士大学的化学工程、土木工程等工程类专业排名世界前列，还曾以 3D 打印技术打印飞机引擎而引起世界关注。学校在墨尔本有多个校区，是澳大利亚校园面积最大的大学。该校也与北美、欧洲、亚洲等地区的多所院校建立了合作关系，包括中国的东南大学、中山大学、四川大学、东北财经大学等。

Ancora imparo.
学无止境。
——蒙纳士大学校训

图拉克中学

Toorak College

In labore quies.
劳逸结合。
——图拉克中学校训

图拉克中学成立于1874年，校舍距离墨尔本市中心约40公里，是一所提供优质教育及完善监管的女子寄宿学校。澳大利亚的中学除了男女混合学校，还有仅招收单一性别学生的男校和女校。单一性别学校会针对学生性别的特点设置相应的课程和授课方式，教育更有针对性。图拉克中学就是其中之一。

图拉克中学以“学习、勇气、全面、卓越及服务领导才能”为办学宗旨，鼓励学生积极参与集体活动，在多领域的学习过程中提高自我能力，服务大众。学校自设英语辅导中心，向国际学生提供英语辅导，帮助他们顺利过渡到常规中学课程的学习。此外，学校提供完善的寄宿条件，并安排住校职员照顾及监督学生的学习、社交、情绪及娱乐需要，让学生在一个舒适、安全的环境下学习及生活。

学校早会期间席地而坐的学生

“海归”回国就业好像并没有明显优势，出国留学是否划算？

现在中国的“海归”越来越多，在收入上与国内高校的毕业生并没有太大的差异，这样看来出国留学的性价比还高吗？出国留学是否划算？

“海归”变“海待”，这是前几年媒体上的一个常见表达。但我想说的是，这一现象并没有阻止国内一浪高过一浪的留学潮，中国近几年每年有50多万名学子出国留学。同样，国内高校的许多大学生毕业成待业，这一现象也没有降低学生上大学的热情，反而使大家更加想进入大学，尤其是一流名校，以提升自己的综合能力，确保自己走上社会后能够赢得一席之地。

不难看出，这其实是水涨船高的原因，最终比拼的还是大家在职场上的成功概率。这就好像是说，北大和清华的毕业生并非都是成功者（当然，成功的定义也很难统一），甚至还有被开除的、自杀的和犯罪的，但这并没有减少很多学生对北大和清华的渴望，因为大家心里很清楚，个别情况不代表全部。而大部分学生因为接受了新知识，跟着知名教授学到了本领，开阔了眼界，结交了不少出类拔萃的朋友，这些都是他们走向职场后的竞争资本，加上他们自身的不断努力，这些名校的毕业生在职场上会比普通大学的毕业生或者没有上过大学的年轻人更有竞争力。

出国留学也是如此，那些真正用心学习和体验、比别人付出更多努力和辛苦的学生，只要他们持之以恒、目标明确、方法正确，最终都会达成某种目标。当然，我还要补充的是，一个人的职业发展不是冲刺，比拼的不是爆发力，而是一辈子的长跑，比拼的是耐力和加速度。所以说，出国留学和不出国留学的人都可能获得成功，他们只是在不同的赛道上，最终的目标并没有差异。

圣三一文法学校

Trinity Grammar School

圣三一文法学校离墨尔本市中心八公里，交通便利，公共设施完善。它是澳大利亚最好的私立男子学校之一，至今已有100多年的历史。学院设置从7年级到12年级的中学课程，提供广泛的学科设置，尤其是针对男生学习特点设置的艺术、体育、户外教育等特色课程，充分发挥和拓展学生的兴趣优势。除此之外，学校还与其他女子学校开展联谊活动，以提高学生的领导力、团队精神和社交能力。

Viriliter agite.
勇敢去做。
——圣三一文法学校校训

造型独特的学校图书馆

图书馆中的阅读区

昆士兰大学

University of Queensland

昆士兰大学是昆士兰州第一所综合型大学，六所“砂岩学府”之一，澳大利亚八大名校联盟成员，在医学研究领域成果斐然。昆士兰大学免疫和代谢研究所的伊恩·弗雷泽教授和中国科学家周健合作发明了世界第一支预防宫颈癌的疫苗，使全世界千百万妇女受益。昆士兰大学位于昆士兰州首府，澳大利亚著名旅游城市布里斯班，一年拥有近300个晴天，被誉为“阳光之城”。

Scientia ac labore.
以知识和勤奋。
——昆士兰大学校训

学校主楼

生物学实验室的口腔细胞教学实验

上图中的这些学生是大一新生，他们来自昆士兰大学口腔、生物医学等不同专业，而非只有生物系的学生。每五个学生就有一位实验辅导员来指导他们完成实验课题。不同于中国大学以基础理论知识传授为主的教学模式，昆士兰大学非常重视学生的实验动手能力。

工程学院教学楼

上图中的建筑是昆士兰大学工程学院的教学楼，是一座典型的节能环保型建筑，其窗户可以根据天气变化自动调节朝向和开合度。如上右图所示，楼内的楼梯位于教学楼的中间，而电梯则被隐藏起来，既节能环保，也鼓励学生走楼梯、多运动。

格里菲斯大学
Griffith University

格里菲斯大学成立于 1971 年，位于昆士兰州首府布里斯班市内，一直坚持将学校的课程设置与行业发展需求紧密结合，鼓励教师进行新课程的研发与教学模式的改革。例如格里菲斯大学体育管理专业与澳大利亚国际高尔夫学院合作的 PGA 项目，学生在学满两年高尔夫课程后即可转至格里菲斯大学体育管理专业。

PGA 高尔夫管理教练和学生

格里菲斯大学建有一流的体育硬件设施，比如两个 18 洞锦标赛水平的高尔夫球场，先进的体育馆、游泳馆、网球场等。这些设施为实地操练型课程提供了保障，也为学生日常的体能训练和健身提供了支持。

此外，格里菲斯大学的旅游与酒店管理专业也是其优势专业。

如何看待华人留学生的扎堆问题?

在国外读书的人常常会有这样的感觉，华人留学生的圈子比较封闭，除了交作业要用英语，大家张口闭口说的都是中文。如何看待这一现象呢?

留学生扎堆是一个比较普遍的校园现象，不仅华人留学生喜欢扎堆，其他国家的留学生多多少少也有这种现象。同样是中国人，大陆、香港和台湾的留学生也会分成不同的群体。事实上，即使是美国本土的学生，白人、黑人和亚裔有时候也会不自觉地成群结队。

我认为，这种现象其实就是人以类聚的一种表现，背后是有深刻的社会原因的，其中不乏文化、政治和地缘的因素。华人留学生扎堆的现象有时候特别显眼，一是因为华人留学生人多势众，二是他们相对缺乏冒险精神，喜欢生活在自己的圈子里，会感觉更加安全舒适。

就我个人观察，我们应该从两方面去看待这个现象。从正面看，在这个圈子里，留学生可以使用母语，以最直接、最亲切的方式与他人进行深入交流，在最短的时间内熟悉当地社会环境，了解校园文化，熟悉一些生存法则及职业发展的路径，从而做到万事心中有数。从负面看，这种“代代相传”的留学生经验容易变得单一，缺乏开放性和多元性，甚至导致学生变得狭隘。

因为留学生活是多方面的，既有课堂内又有课堂外的内容，既有本民族的交流，又有和其他民族的融合，还有中外文化、政治、科技、社会和价值观相碰撞的体验，有利于留学生知识、眼界、能力和思想等多方面的提升，可以说是我们生命中一次难能可贵又不可替代的经历。从这个意义上讲，如果留学生过分扎堆，或者只管低头读书，对外部世界缺乏兴趣、不闻不问，这样的留学生活一定是不完整的，也将是充满遗憾的。

南澳大学
University of South Australia

南澳大学，1991 年创立，位于南澳大利亚州首府阿德莱德市滨海的平原上，由南澳理工学院与南澳高等教育学院合并而成，是南澳最大的大学。

学校最知名的特色专业是飞行学院的飞行专业。学校还曾经有自己的飞行训练基地，只是后来被出售了。学生可以通过实习项目积累飞行时数，顺利毕业即可获得商用飞机飞行执照。

我在南澳大学飞行学院

Educating professionals. Creating and applying knowledge. Engaging our communities.

培养专业人才，创造和应用知识，密切联系社会。

——南澳大学校训

重视动手能力的艺术学院课堂

商学院大楼

飞行学院的学生们

澳大利亚的劳动力资源和中国相比没有那么充裕，在很多领域都急需熟练技术人员，因此在澳大利亚考取飞行执照的门槛也不像中国那么高，而是像考取汽车驾驶执照一样。飞行专业学制四年，毕业可以拿到学位和飞行执照。当地学生选择该专业一般都是为了毕业后开飞机洒农药和放牧，而中国学生在这里毕业后，往往选择进入国泰、澳航等民用航空公司。

照片中的三名中国学生分别来自广东、宁夏和河南，均是在澳大利亚就读高中之后，申请进入南澳大学飞行学院的。与在国内完成高中学习再申请澳大利亚本科的学生不同，由于较早来到澳大利亚生活，他们更容易获知和接受在澳大利亚学习飞行专业带来的机遇，而在国内完成高中学业、赴澳大利亚就读本科的学生通常会选择金融、会计等传统的移民热门专业。

AUS
JUL 16

CHAPTER 3

澳大利亚

Australia

Sub cruce lumen.
知识之光永远闪耀在南十字星下。
——阿德莱德大学校训

阿德莱德大学

University of Adelaide

阿德莱德大学位于澳大利亚南部阿德莱德市，创建于 1874 年。学校将自身传统优势和现代艺术特色及丰富的学生生活相结合，在澳大利亚政府对大学生的综合测评中被推举为澳大利亚最优秀的四所大学之一。阿德莱德大学有两位教授和三名毕业生曾获得诺贝尔奖，在学术研究方面更是令人称道。例如该校发明了世界上第一个可视计算机芯片，还训练出澳大利亚第一位宇航员。

阿德莱德南澳州立图书馆

校园一角

校园里的学生

西澳大学

University of Western Australia

西澳大学位于西澳大利亚州首府珀斯。西澳大利亚州拥有澳大利亚三成的土地面积和七成的矿产资源。独特的地理位置使西澳大学成为澳大利亚最富有的大学，采矿专业则是其王牌专业。此外，海洋科学、土木工程、电气工程、农林业、会计、金融等专业也很受欢迎。

西澳大学的校园被公认为澳大利亚最美的校园之一。罗马风格的建筑坐落在花园般的校园内，开阔的园林风景如画，精心的设计更使得建筑与花园融为一体。

Seek wisdom.
追求智慧。
——西澳大学校训

学校礼堂

科廷大学

Curtin University

澳大利亚露天金矿

与西澳大学一样，科廷大学也位于矿产资源丰富的西澳州，采矿专业同样是其优势专业。采矿业在西澳乃至整个澳大利亚的经济中都是至关重要的，需要大量专业的矿产开采人才。除了矿产基础科学，该专业的学生还要学习工程技术方面的知识。通过相关专业的学习，毕业生可以在研究和教育机构从事地质和矿产勘探研究，或在矿场担任采矿工程师。

Make tomorrow better.
让明天更美好。
——科廷大学校训

历史悠久的矿产学院

科廷大学采矿学院毕业生以职业前景广阔、就业率高而著称。尽管排名没有西澳大学高，但科廷大学的特色是学生可以从校区乘飞机到矿区接受现场教学，从而可以学到最实用、最前沿的矿业知识。很多中国学生和家长以为学习采矿专业很危险，他们不知道的是，澳大利亚的很多矿场都是露天开采，是用大型机械将矿石运出矿坑，而不是到矿井中作业。

巨大的采矿机械

塔斯马尼亚大学
University of Tasmania

Ingeniis patuit campus.
校园为智者敞开。
——塔斯马尼亚大学校训

塔斯马尼亚大学成立于1890年，位于澳大利亚联邦唯一的岛州——塔斯马尼亚。由于与澳大利亚大陆分离，塔斯马尼亚岛可以说是最具传统澳大利亚风情的地方，当地人民淳朴而热情，极其欢迎年轻的国际学生前来留学。

塔斯马尼亚大学作为“砂岩学府”之一，不但历史悠久，而且独具特色，尤以澳大利亚海事学院（AMC）、海洋与南极洲研究学院（IMAS）最为知名。其中，海事学院是澳大利亚国家级的海事培训教学和研究中心，提供海洋工程、船舶建造、海洋环境和保护等课程，以及从职业培训到本硕博等各阶段的教育。

海洋与南极洲研究学院入口

海事学院的船舶模型

海事学院船舶驾驶模拟舱

“野蛮生长”的孩子也会有未来

近年来，学区房一直是中国最热门的话题之一，电视剧《虎妈猫爸》中的故事真的是源于生活。做中国父母实在不容易，为了孩子的未来牺牲了很多。很多家庭现在就一个孩子，总希望孩子有出息，先不说成龙成凤，起码长大后能够独立和体面地生活。可是现实总是很残酷，面对孩子教育可能遇见的种种难题，我们到底是坚持苦心经营下去，还是调整自己泰然处之？这里，我想分享一下我自己孩子曲折的求学之路。

我是在20世纪90年代出国留学的，那时候留学还是件稀罕的事。出国后我又设法把孩子带出去，让他得以享受海外的优质教育环境，学好时髦的英语，这一切都显得顺理成章。可是，我和孩子之间的一场没完没了的折腾也就此开始了。

我到悉尼时孩子才四岁，我读研究生，他上学前班。孩子小，适应快，入学没多久，居然就时不时地在家里冒出几句特地道的英语来，让做了十几年大学英语教师的我惊讶不已。看到孩子的英语突飞猛进，做父母的当然很欣喜。可我开始担心他最后会把母语给忘了，于是我把孩子送回了中国。

孩子回国后自然是专心补习中文和数学，但英语很快忘了个一干二净。会了中文不会英语还是有缺憾，这时候机会又来了。我读完研究生后，有幸去英国伦敦BBC做记者，这是一份长久的工作，各方面条件都不错，大都市的吸引力也不小，于是我们决定带孩子去英国定居。所以，孩子跟着我们在伦敦又度过了一段时光。

2000年我回国创业，孩子也跟着回国了。我庆幸自己做出了一个正确的选择，感受到了“East or west, home is best”。也许是老天逗人，这时候我在澳大利亚读书时递交的加拿大移民申请获批了。没有选择痛苦，有选择更痛苦。我开了个家庭会，最后的结论是国内国外的机会都不能放弃。于是孩子的妈妈带着孩子去温哥华定居，而我则留在国内继续创业。这次孩子去加拿大已经二年级了，中文有了一定的基础，一年后英语也慢慢跟上了，大家终于缓了一口气。

妻子和孩子在加拿大安顿下来，我在国内的事业也可以说是风生水起，但家庭就这样长期分离下去吗？我们又开了一次家庭会，最后一致认为国内的发展正在进入真正的加速期，环境越来越好，机会也会越来越多。于是，妻子和孩子决定回来和我团聚。

没想到，父母的反复折腾让孩子的问题浮出水面。孩子回国后，成绩跟不上，奥数、钢琴、书法、跆拳道一样不灵，唯一的兴趣打篮球也被扼杀在老师严厉的呵斥中。由于几次转学，总是在不停地变换环境，孩子的朋友也越来越少。孩子终于不知所措，开始变得不喜欢出门，不喜欢交际，也越来越沉默了。

经历了一番折腾，孩子最终申请去美国读的大学，并于去年连滚带爬地毕了业。虽然上的不是顶尖名校，但他告诉我大学四年还是蛮开心的。大学之前没有当过学生干部的他居然当上了篮球队长，小时候看《灌篮高手》诞生的梦想终于实现。大学毕业之后，孩子发生了明显的变化，脸上的笑容多起来了，也开始思考自己的未来。孩子找到工作准备上班的前一天，我和他小酌了几杯。最后我送给他一句话：不管生活如何待你，要乐观、坚强、充满热情。

通过对自己孩子成长过程的反思，我发现许多问题是出在父母身上。父母什么都不愿失去，不仅自己要强，也希望孩子样样都好。既有中国的户口，又有外国的护照；既要国内的亲情和友情，又要国外的环境和福利——我们在众多选择中迷失了方向，孩子则变成这些选择中的试验品和附属品。我终于认识到孩子是有差异的个体，心智发展有先后，能力不同，兴趣爱好也会不同。痛定思痛，最终我决定放弃以往的追求，尊重孩子的个性和选择。

前不久读胡适先生的《留美日记》，开卷就是他在美国康奈尔大学的读书体会，观点和我不谋而合。我对孩子的期望首先是身心健康，其次是价值观正确，最后是知识增长。孩子需要独立成长的空间，也需要我们一路的陪伴。生活本来就是多姿多彩的，“野蛮生长”的孩子也会有未来！

图拉克中学课堂一景

大洋路纪念碑

德国镇落日

大洋路“十二门徒”

悉尼情人港

新南威尔士州立美术馆

穿越队员的心形合影

少数民族节日庆祝活动

骑骆驼去看乌鲁鲁岩石

落日余晖中的阿德莱德海滩

航拍悉尼

墨尔本夜景

悉尼邦戴海滩

CHAPTER 4 第四章

新西兰

2013 年 8 月，
探寻新西兰名校之旅。
穿越南北岛，
还原新西兰留学的真实面貌。

走进新西兰当地的学校，我们看到有人在学缝纫，有人在学烹饪，有人在学作曲……学校充分尊重每个学生的兴趣爱好，鼓励学生追求多元的、休闲的、适合自己的发展方向。对中国学生而言，如果一时还无法申请到欧美国家的顶尖名校，新西兰留学也是一个值得你认真考虑的选择。

扫描二维码
观看探寻新西兰名校之旅纪录片

pwc
ANZ
Voyager New Zealand Maritime Museum

夜色中的奥克兰高架桥港

奥克兰大学

University of Auckland

奥克兰大学，建校于1883年，历史悠久，专业设置广泛，科研和教学水平先进，教学服务设施完善，是新西兰最大、专业最多的综合性大学，被誉为新西兰“国宝级”大学。

和牛津大学与牛津市融为一体一样，奥克兰大学位于新西兰第一大城市奥克兰市中心，七个校区和各个学院分布在城市的各个角落。除了校园格局，奥克兰大学亦如“新西兰的牛津大学”一样，拥有很高的教学质量和顶尖的配套设施。奥克兰大学图书馆是新西兰最大的图书馆，由一个藏书150万册的综合图书馆和12个专业图书馆组成。

Ingenio et labore.
天才与汗水等于成功。
——奥克兰大学校训

商学院大楼

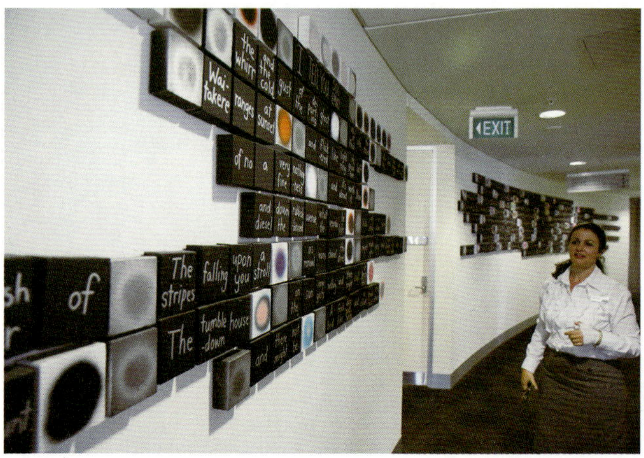

商学院走廊的“励志墙”

毛利建筑风格的学校礼堂

毛利人是新西兰的原住民。一千多年前，他们从神秘的故乡波利尼西亚岛来到了这里。如今，毛利人约占新西兰总人口的 15%，他们的历史、语言与传统构成了新西兰独特的毛利文化。上图是奥克兰大学的学校礼堂，其屋顶极具毛利建筑风格。礼堂门口的广场上还插有许多在毛利民族中常见的长矛。

CHAPTER 4

新西兰

New Zealand

新西兰的毛利战舞

毛利人过去在打仗之前都要跳一种叫哈咔（Haka）的战舞，长自己的威风，灭敌人的气焰，说穿了就是要吓唬敌人，给自己鼓气。跳舞者也因此有了如下的三个特点：一、无论男女，个个虎背熊腰，身强体壮；二、跳舞时发出各种吼叫，短促有力；三、跳舞时瞪眼吐舌，表情狰狞。今天的毛利人已经不用打仗了，但这种传统的战舞保存了下来，并逐步变成了代表新西兰文化的一种带有表演性的舞蹈。每逢新西兰重大的国事活动，或者新西兰队出场的国际比赛，或者欢迎远道而来的宾客时，毛利人都会表演这种融音乐、舞蹈和肢体语言于一体的富有力量感的战舞。如果你去新西兰旅行，除了去看那里的几维鸟，也一定要去看一场让你"毛骨悚然"的毛利战舞！

CHAPTER 4

新西兰

New Zealand

The University for the changing world.
为变化的世界而生。
——奥克兰理工大学校训

学校综合楼的图书馆

奥克兰理工大学

Auckland University of Technology

奥克兰理工大学，原为始建于 1895 年的奥克兰理工学院，2000 年升级为公立综合性大学。学校地处奥克兰市中心，最早只有一栋大楼，一层到五层是图书馆，五层以上基本上都是教室，后来也在周边建造了其他教学设施，逐渐形成了现在的规模。

奥克兰大学基于理工院校的传统，遵循以市场和就业为导向的课程设置理念，注重培养学生的动手和实战能力。同时，学校在延续理工类专业优势的基础上，商科、艺术、社会学等专业也迅速发展。

艺术课堂上笑容灿烂的女生

Per augusta, ad augusta.
排除艰难，成就大业。
——爱普森女子文法中学校训

爱普森女子文法中学

Epsom Girls Grammar School

爱普森女子文法中学，可以说是奥克兰乃至新西兰最好的女子中学。学校位于风景优美的爱普森区，距奥克兰市中心仅有 10 分钟车程。学校提供 9～13 年级课程以及 40 多种体育和课外活动。这所女子中学重视培养女生之间姐妹般的相处模式，以增强学生作为女性本身所具备的社交优势。同时，为了拓展学生的交际能力，该校还与男子中学奥克兰文法学校结为联谊学校。

学生健身房

会说中文的“校园明星”

参观爱普森女子文法中学时，接待我们的是一位金发碧眼但操着一口地道京腔的白人女生（左图中左二）。她曾经和父亲生活在北京，并就读于中关村二小。因为会一口流利的中文，她经常帮助学校接待来自中国的客人，可谓是学校的明星人物。

霍比特人的家乡

在 J. R. R. 托尔金经典奇幻文学作品《霍比特人》和《指环王》中，冒险故事都是从一个名叫霍比屯（Hobbiton）的小村庄开始的。在根据小说改编的电影版本中，这个小村庄的取景地就在新西兰北岛怀卡托平原的玛塔玛塔。当初导演彼得·杰克逊踏遍新西兰两岛，最后选中了这块人间仙境般的净土。这个只有一万两千多人的乡村小镇是一个童话般的世界，蓝天、白云、青草、碧水，风吹草低见牛羊，尤其是在电影中出现的那些镶嵌在花草山丘中的矮木屋，是令无数人好奇和向往的居所。影片中的霍比屯几乎与世隔绝，而现实中的玛塔玛塔似乎比电影中的场景还要多几分梦幻。仿照电影场景建造的矮人酒吧在当地非常出名，所有的布置都精心巧妙，让人仿佛置身电影当中，似乎只要穿越酒吧的那座拱门，就能邂逅赤脚大仙般的霍比特人。

出国留学的费用不低，是不是只有上名校才值得？

如果自身实力有限，最终申请到的不是国外的顶尖名校，那还值得付出高昂的代价去留学吗？

自费出国留学是一笔不小的开支。当然，留学国家和地区的不同，留学时间的长短不同，这笔费用的高低也有很大的差异。至于是不是只有上名校才值得，我的答案是否定的。

进名校（先不说名校的定义本身就五花八门）是很多人的梦想，由于名校的门槛高，竞争又日趋激烈，最终进名校的永远是一小部分人。名校难进也难出，为了保持质量，名校对学生要求严苛，采用高淘汰率（有些知名大学的淘汰率高达 15% 左右）。没有充分的思想准备和真正的实力，学生即便侥幸进了名校，也未必能够信心满满地读下来，甚至有可能被淘汰。我始终认为适合自己的学校才是最好的，有人留学首选美国，有人喜欢去英联邦国家，有人喜欢竭尽所能，挑战多所世界名校，也有人发挥自身优势，寻找和自己匹配的大学及专业。

我是 20 世纪 90 年代出国留学的，当时去美国留学的拒签率很高，于是我选择去澳大利亚读研，入读的大学在今天看来也算不上什么世界顶尖名校（当然那时还不太看重排名）。记得当年就有许多人选读商科、工程或金融等专业，我因为数学基础不好，选读了自己相对擅长的新闻传播专业。同学都不太看好我选读的专业，认为对就业或移民而言没有任何竞争优势。但也许是因为自己喜欢，学习很投入，我也逐渐变得更有信心，没想到毕业后以优异的成绩考入了 BBC，拿到了在当年同班同学中很有竞争力的一份工作，去年我还有幸被澳大利亚政府评为杰出企业家校友。我的名校梦至今没变，我也还在为之努力，但我坚信，从容、自信和快乐的成长才是我在此过程中最大、最重要的收获。

怀卡托大学

University of Waikato

怀卡托大学虽然建校时间只有 50 多年，但多个专业已在世界上享有很高的知名度，如法律、管理、自然科学等。尤其是成立于 1972 年的管理学院，是新西兰首家根据北美管理学教育体系设立，并授予商科本科学位的管理学院和新西兰首家开设电子商务课程，并授予电子商务学位的商学院，并已获得 AACSB（国际商学院协会）、EQUIS（欧洲质量改进体系）、AMBA（英国工商管理硕士协会）等三重权威认证。

学校所在地汉密尔顿是距离奥克兰很近的一座卫星城，是一个类似于美国硅谷的高新技术产业园区。依托这些优秀的企业，怀卡托大学的学生有更多机会到这些高新技术企业实习和就业。

公共学习区

图书馆一角

Ko te tangata.
为了人民。
——怀卡托大学校训

低调的校园

和许多国外大学一样，怀卡托大学并没有显著的校门、标识。为了能拍到学校的校名或标志物，我们找遍整个学校，最后才发现这样一块不算大的标志牌。标志牌左侧图案是怀卡托大学的校徽以及毛利语版的校训。

惠灵顿维多利亚大学

Victoria University of Wellington

因 1897 年建校时恰逢维多利亚女王在位 60 周年，惠灵顿维多利亚大学以此命名。维多利亚大学位于新西兰首都惠灵顿，有四个校区，其中三个都在市中心，相互之间步行不到 15 分钟。其中，尤以凯尔伯恩主校区的地理位置最为优越，居高临下，遥望海港，有着诗一般美妙的风景。

学生中心

Sapientia magis auro desideranda.
智慧比黄金更值得渴望。
——惠灵顿维多利亚大学校训

基于首都特殊的地理位置，学校与国会、最高法院等国家机构联系紧密。比如法学院就在一座著名的政府大楼里，对面就是国会和最高法院。学校图书馆有关政治、法律等社科类图书的藏书量巨大，并与邻近的国会和高等法院共用。

图书馆

理工学院楼

坎特伯雷大学
University of Canterbury

坎特伯雷大学成立于1873年，位于新西兰南岛东岸的基督城（基督城英文名为Christchurch，官方译为克莱斯特彻奇）。由于当初前来建设该城地标建筑大教堂的人大多出身于英国牛津大学的基督教会，因此这座城市就被命名为“基督城”，有“英国之外最像英国的花园城市”之美誉。

坎特伯雷大学致力于推广无国界教育，培养世界公民和时代领导者。学校邀请很多来自牛津和剑桥的世界顶级教授在此讲学，以促进教学、学术和科研的发展。

学校以工程等理工学科为特色，学制灵活。比如，大一在其他大学修完数学、化学、工程物理等工程基础学科的学生可以直接转学至坎特伯雷大学二年级继续完成学业；成绩优良的高中资优生可以到该校跳级学习大一通修课程，从而节省一年的大学学习时间。

图书馆外观

Ergo tua rura manebunt.
且愿你的土地丰收。
——坎特伯雷大学校训

学校健身房

图书馆内部

结实抗震的图书馆

坎特伯雷大学的图书馆是校内最高的建筑。由于新西兰是地震多发国家，尽管很多建筑从外到内看起来并不精致，事实上却非常结实，抗震级别很高。在2011年基督城6.3级大地震中，这座图书馆连个裂缝都没有出现。

林肯大学
Lincoln University

林肯大学创建于 1878 年，位于基督城郊外。这是一所以“土地”为学科建设核心的大学，其前身是坎特伯雷大学农学院，所有专业都与农业紧密相关，如农业经济学。学校有 1000 多公顷的农业用地，为农业科研活动提供条件，比如学校建有先进的葡萄种植园，供学生学习葡萄的种植、培育和葡萄酒酿造。

据说该校的国际学生中有很大一部分来自美国，比如加州种植橙子的农场主家庭的子女。这些“农二代”在这里学习先进的农业技术，回去以后子承父业。此外，林肯大学的景观设计、园林园艺专业也很优秀。

学生公告墙上还出现有中文“小广告”

Scientia et industria cum probitate.
诚信之科学与工业。
——林肯大学校训

学校一角

多山的校园地势

有意思的是，由于林肯大学校内多山坡、少平地，学校建筑也都依地势而建，学生来往于不同校舍之间颇为辛苦。不过学生们戏言，这样的地势倒是方便学校建阶梯教室。

学校最古老的建筑，乔治·福布斯纪念图书馆，现在仅作集会之用。

奥塔哥大学

University of Otago

Sapere aude.
敢为智者。
——奥塔哥大学校训

奥塔哥大学位于新西兰南岛奥塔哥省首府达尼丁市，成立于1869年，是新西兰第一所大学，拥有全新西兰第一所医学院和唯一的牙医学校。许多新西兰年轻人省吃俭用，攒钱来到这里学习牙医，然后前往收入更高的澳大利亚、美国或英国行医。这导致新西兰一度牙医紧缺，以至有议员提出议案，禁止奥塔哥大学的牙医学校招收国际学生而只能招收新西兰当地人，并签署协议保证毕业后在新西兰从业。尽管这项提案未能通过，却从侧面反映了奥塔哥牙医专业的受欢迎程度。

苏格兰风格的主楼

奥塔哥大学的主楼以苏格兰格拉斯哥大学的主楼为蓝本设计建造，是整座大学乃至整个城市的地标建筑。这种建筑风格与达尼丁市的历史文化背景息息相关。

最像苏格兰的城市

达尼丁是典型的大学城，奥塔哥大学校园要占城市面积的三成左右。由于城市太小，学校每年的毕业游行一不小心就走出校园，变成全城庆祝。与繁华的奥克兰不同，达尼丁是一座安静的城市，也被称为“苏格兰之外最像苏格兰的城市”。达尼丁和苏格兰的爱丁堡有很深的文化渊源，因为这座城市最早的欧洲移民来自苏格兰，承袭了苏格兰重视素质教育的传统，并建立了独具苏格兰风情的奥塔哥大学。

学生中心

凯科拉瓦利中学

Kaikorai Valley College

Quaerite et invenietis.
寻找，你就会发现。
——凯科拉瓦利中学校训

凯科拉瓦利中学创建于 1958 年，同样位于美丽的达尼丁市，是一所开设 7～13 年级课程的男女混合中学。学校拥有优秀的教师团队、最新式的教学课程、一流的教学设施和美丽宽敞的校园。

学校为国际学生设有专门的英语教学（ESOL）管理部门——国际学生部。该部门主要负责学生的学习计划、学习进展及生活福利。所有国际学生都能享受到与新西兰本土学生同等的学习机会和教学设施。2013 年，我们到访时，学校已经有五六个中国小留学生在那里学习，现在的他们已经是大学生了吧。

巴拉克拉法小学

Balaclava School

巴拉克拉法小学同样是一所位于达尼丁的学校，建于 1964 年，提供 1～6 年级的课程。学校会特意培养学生良好的计算和读写能力，还为学生制定创造性的写作和阅读计划，为其未来的学业打下良好的基础。参观过程中，孩子们的多才多艺和天真灿烂的笑脸给我们留下了深刻而温暖的印象。

ACG 斯爱伦学校

ACG Strathallan College

Pride in achievement.
因成就而自豪。
——ACG 斯爱伦学校校训

蓝天下的校园

斯爱伦学校成立于 2001 年，隶属于新西兰知名教育集团 ACG，是新西兰规模最大的综合私立学校。学校开设的课程覆盖学前、小学、初中、高中。在课程的安排上，学校的小学教育采用剑桥国际小学考试课程（CIPP）教学大纲，中学采用剑桥国际中学考试课程（CIE）系统，学生的 A-Level（“英国高中课程”的简称，其课程证书被几乎所有使用英语授课的大学作为招收新生的入学标准）成绩也很突出。学校建有体育馆、绘画设计教室等一流的教学设施，注重培养学生各方面的能力。学校还与多所高校合作，开设大学预科课程。而且，目前该学校的国际学生较少，英语语言环境还是很不错的。上图拍摄于学校足球场，来自不同国家的学生们正在一起参加体育活动。

孩子什么年纪出国留学最适合?

很多家长都在思考这样的问题:孩子出国留学是越早越好吗?留学的最佳时间是什么时候呢?

如果已经决定送孩子出国留学,那么孩子什么年纪出国读书比较合适呢?

首先我想说的是,送孩子出国留学和送孩子在国内上学一样,本质上就是让他们去完成一项学习任务。家长纠结的原因主要是出国留学期间,大部分孩子会离开父母,去一个陌生的地方生活,许多方面都需要学会自己照顾自己。从这个意义上说,家长总希望孩子大一点之后再出国,可是看到周围出国的孩子年龄越来越小,家长就不知所措了。

其实,这个问题的答案很大程度上取决于你希望孩子未来是留在国外还是回国发展。孩子出去越早,就越容易适应当地文化,融入当地主流,甚至可能成为一个黄皮肤白心的“香蕉人”,这些孩子大学毕业后更愿意留在国外发展。如果更晚一些出去,孩子的很多习惯已经在国内形成,去到异国之后生存会更加困难、更具挑战性,想要学有所获,也需要付出加倍的努力。正如语言学家一般认为的那样,孩子 12 岁以前出国有可能成为一个“外国人”,12 岁之后出国往往会保持国内形成的习惯和本色,毕业后更趋向于回国发展。

从这个意义上讲,我建议家长尽量让孩子在国内完成中小学学业,打下扎实的中文和科学课的基础,掌握好中国文化和历史知识,形成自己的价值观,之后再出国读高中或本科,这时候的孩子已经基本成熟,又相对年轻,可塑性较强,容易接受和吸纳新的知识和思想。最重要的是,这样的孩子更容易成为中西结合的国际化复合型人才,更有机会在 21 世纪全球化的舞台上为自己赢得一席之地。

皇后镇瓦卡蒂普湖

冒险与休闲，尽在纯净新西兰

我在 2013 年的“探寻新西兰名校之旅”活动中，带领新东方的名师团队途经新西兰“蹦极之乡”皇后镇，就有了尝试一把蹦极的想法。因为事先完全没有思想准备，几位年轻的队员想尝试又下不了决心。作为队长，一方面想为大家做个表率，另一方面，很少尝试极限运动的我也想借机体验一下。

现在回忆起来，那真是一种“死去活来”的感觉。当我站到卡瓦劳大桥蹦极台上的那一刻，两条腿不由自主地发抖，准备就绪以后，我索性两眼一闭直接跳了下去。那一刻整个人是失重的，脑海中一片空白，心里唯一的想法就是——如果能活下来，我再也不跳了！

人有时就是这样，希望追求一种极限的刺激，留下一些特殊的记忆和不同的生命体验，可以与朋友们一起分享。但因为是第一次蹦极，我没办法像那些有经验的人一样，摆出各类帅气的造型，留下了一点遗憾。所以，在这次挑战之后，我又在心里想，如果未来有机会，我还是会再次尝试。

奥克兰素有“千帆之都”的美誉

除蹦极之外，新西兰的帆船运动也很有名，第一大城市奥克兰就有“千帆之都”的美誉，奥克兰人均帆船拥有率位居全球第一。每到夜晚，成百上千艘帆船回到港湾，蔚为壮观。只有扬帆出海才能够真正感受奥克兰独有的城市魅力。坐在舒适的甲板上，享受午后阳光的暖意和习习海风的凉爽，欣赏着波光粼粼的海面上跃动着的帆艇和两岸迤逦的风光，实在是一大享受。

运动是新西兰的一大特色，此外，这个国家给我最大的感受就是休闲。这里的人们脸上都洋溢着闲适的感觉，让人觉得很放松、很幸福。人口少、风光美、体育活动丰富、个人空间大、人民幸福感高，因此，新西兰每年都吸引着各国游客和移民前来。

谈到教育，新西兰遵循西方的教育体制，但是明显没有美国那样的紧张和快节奏。走进当地的学校，我们看到有人在学缝纫，有人在学烹饪，有人在学作曲……学校充分尊重每个学生的兴趣爱好，鼓励学生追求多元的、休闲的、适合自己的发展方向。新西兰教学质量高，教育资源丰富，在国际上的认可度也很高，与英国、美国、澳大利亚的大学相比，竞争没有那么激烈，所以更容易申请到好的大学。对于中国学生而言，如果一时还无法申请到欧美顶尖名校，新西兰留学也是一个不错的选择，压力小一些，也能更好地适应留学生活。

新西兰社会治安很好，居民外出几乎不用锁门，留学生也会感到非常自在和放松。在郊区，时常有住户在家门口支起简易的摊位，出售一些自己的农产品。摊位并无人看管，顾客自己留下钱拿走物品即可。

新西兰被誉为地球上最后一块净土，远离尘嚣，宁静异常，甚至还有很多地方没有被人类触及，一片农场或者草原稍加装饰就成了天然的电影基地，著名电影《霍比特人》等都在这里取景。最近两年，相比于北京严重的雾霾，新西兰纯净通透的空气，还有那满天繁星的夜空，就显得更加迷人了。

CHAPTER 4

新西兰

New Zealand

风景迷人的新西兰牧场

新西兰是一个农业、畜牧业大国。畜牧业生产占地 1352 万公顷，大约为国土面积的一半。乳制品与肉类是新西兰最重要的出口产品，粗羊毛出口量居世界第一位，占世界总产量的 25%。新西兰高校的农业科学、农业经济等专业就业前景良好，例如林肯大学的农学专业就很受留学生青睐。牧场风景优美，一望无际的草原上牛羊成群，清澈的湖泊点缀其间，犹如一粒粒纯净的珍珠。

留学生在国外如何克服孤独？

一个人在异国他乡读书，家人和朋友都不在身边，时常会感觉孤独，该怎样克服、排解这种情绪呢？

留学生在海外或多或少会感到孤独。这种孤独感首先是身在异国他乡的陌生感，是由文化冲击导致的，其次是不同教育体制下的学习压力带来的无助感，还有就是不同的思想和价值观造成的边缘感。

针对以上几个原因，留学生可以提前有所准备。首先，出国前可以先了解一些留学目的国的文化和人们的生活习惯。通过各种媒体，尤其是互联网，多关注当地社会的热点问题，包括衣食住行、八卦娱乐等。到了国外之后，要快速了解和熟悉自己所处的位置和周围的环境，物理定位可以帮助你做好心理定位，心理定位又会帮你摆脱陌生环境带来的恐惧感。

东西方两种教育制度的不同导致中国学生在主观表达方面偏弱，不善写论文，上课不发言，做项目缺乏创新，团队合作时无所适从。我们的学生在这方面需要克服心理障碍，勇敢表达，走出自己的舒适区。无论自己是否擅长或喜欢，强迫自己参与一些社团活动、公益事业和交流项目，广交朋友，培养自己批判性和创造性的思考习惯，争取与当地同学有更多的共同语言。当然，思想价值观的形成不是一蹴而就，也不是一天两天就能改变的，但这并不影响我们敞开胸怀，去认识和接受更多的可能性。这种认识和理解的过程也是留学生提升自我的过程，至少能帮助学生们尽快融入，抛弃狭隘，变得更加多元和国际化。

说到底，到异国他乡留学感到的孤独是距离造成的，这既是物理的距离，又是心理的距离，也是语言和价值观的距离。想方设法缩短距离是解决这个问题的唯一方法。

CHAPTER 4

新西兰

New Zealand

我的英语学习之路

学好英语是很多人的梦想，也是很多人心中永远的痛。一次次的努力，一次次的失败，为什么自己就学不好英语呢？我从考入苏州大学英语专业，到赴澳留学，进入 BBC 从事双语新闻工作，再到回国加入新东方，断断续续学了几十年英语，真是体察到了其中的酸甜苦辣，更理解了别人学好英语背后的坚持和付出。

从我自己学习英语的体会来说，学英语和学其他任何东西一样，首先要有兴趣，这样才能坚持下去。只有坚持了你才有可能入门，入门了你才有可能渐入佳境。我相信不会打麻将的人很难理解麻将牌里的变幻莫测，不会喝酒的人很难理解酒杯里的乾坤，不喜欢电子竞技的人也无法理解战胜对手后的满足和荣耀。兴趣是学习的动力，坚持是学习的窍门。有了兴趣你就会去琢磨，去思考，去总结规律，寻找适合自己的方法，然后通过坚持，举一反三，最终梦想成真。

谈到具体的学习，对于初学者来说，“模仿”是很长一段时间内最有效的方法。回想我们婴幼儿时期，一开始接触中文时并没有立刻去背单词、学语法，而是去模仿父母和身边的人说话，学习发音、用词。事实上，模仿是语言学习，尤其是外语学习非常重要的一个手段。坚持模仿，你会发现单词用法、词组搭配、句法习惯的掌握都是水到渠成的。

我们看国际新闻，了解这个世界正在发生什么，模仿他们的叙事风格；我们看美剧，关注另一种生活和文化，模仿他们的语言表达习惯；我们读英文报纸，理解他们的价值判断，模仿他们的行文逻辑。有了一定的英语语言与文化基础后，我们就可以创造性地发挥，进一步提升自己的逻辑思辨能力和文化水平。

今天，随着世界不同文化间联系越来越紧密，以及多媒体技术的飞速发展，英语学习资源极大丰富。美剧、欧洲电影、英美歌曲、各种英语学习软件构成了多元、丰富、新鲜的素材库，为英语学习创造了无限可能。只要掌握了科学的方法并持之

在澳大利亚留学时的我

以恒，在国内也完全可以练成扎实、地道、流利的英语。

我在 Kindle 里下载了不少英语畅销书，手机里安装好几个学英语、背单词的 APP 和英语词典，甚至还安装了一个小朋友们喜欢玩的英语配音软件。它们就像陪伴我左右的良师益友，出差路上、工作之余、假期里，甚至上床睡觉前我都要和它们切磋交流一番，既当放松又当学习。

在今天，英语作为一种世界语言，正发挥着前所未有的力量，我们身边的许多人已经通过英语学习获益。他们或是在海外学习、就业，或是归国创业大展宏图；他们把中国传统带出去，又把优秀的西方文化请进来；他们的努力都是为了一个共同的目标——让自己成为一个有竞争力的世界公民，为这个社会的进步做出自己力所能及的贡献。

当你去理解不同的语言、文化、生活方式，你的视野会越来越开阔，你与这个世界的联系也会越来越紧密，你的人生就会不断焕发出新的活力。在英语学习的路上，我自觉尝到了甜头，也看到了风景。真没想到自己居然能和英语厮守几十年，我至今不能肯定自己最终能把英语学到什么程度，但我一定还会坚持下去。

毛利战舞表演

快乐健身

奥克兰城市夜景

童话小镇里的一对情侣

麦克林斯中学阅读课

基督城理工学院

童话小镇霍比屯一景

奥克兰大学同学见面会

经历过大地震的基督城街景

形如闪电的瓦卡蒂普湖

呆萌的羊驼

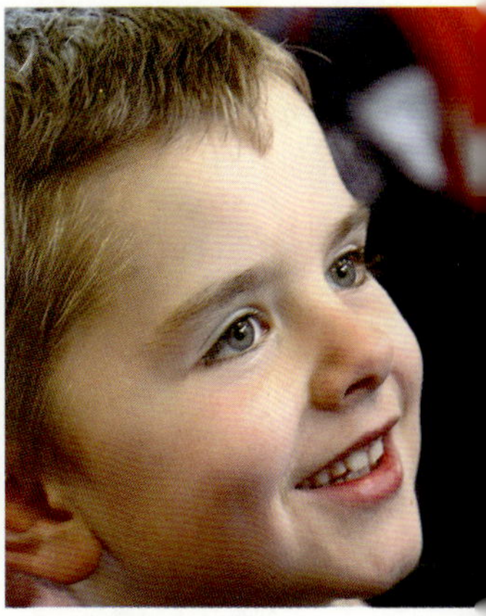

眼神清澈的新西兰儿童

CHAPTER 5 第五章

加拿大

2016 年 9～10 月，
探寻加拿大名校之旅。
在枫叶之国，
奏响学习、工作、生活的和谐乐章。

加拿大学校重视对学生兴趣的激发和保护。在中小学阶段，孩子就已经在探索自己的兴趣，并逐渐明晰未来的职业发展定位。到了大学，高校为学生提供了各领域大量的选修课，学生的兴趣爱好也能得到持续的发展。与国内特长培养所承载的实用性相比，加拿大对孩子特长的培养更是为了保护他们的内在热情。

扫描二维码
观看探寻加拿大名校之旅纪录片

梦莲湖

适合自己的生活才是最好的

我与加拿大有着道不尽的缘分。2000 年我回国创业，不久后，我在澳大利亚读书时递交的加拿大移民申请获批。最终我们一家人达成共识，我妻子先带着孩子去温哥华定居，而我则留在国内继续创业，最后全家又决定回到北京定居。2016 年秋天，我带领团队再次来到加拿大，21 天的行程，横跨 7 个省份、21 个城镇，走访了当地知名院校、企业及教育机构，采访了大学教授、留学生、公司职员、政府官员，还参观了冰酒酿造厂，观看皮划艇比赛，第一时间与中国学生分享了当地的教育特色、就业现状、历史文化和自然风光。

加拿大教育的三个特点

加拿大的教育以严谨著称，高校注重教学投入，教学质量整体较高。最新数据显示，在中国学生最倾向选择的留学国家排名中，加拿大位居第四，仅次于美国、英国、澳大利亚。通过实地走访，我发现加拿大教育有以下三个特点：

首先，加拿大高校自身定位非常明晰，分为医博类、综合类、社区类，从高精尖科研到动手实践各有侧重，而中国的大学还普遍在追求大而全。另一方面，当地学校的资源通常都向周围社区居民开放，实现资源利用最大化的同时，也拉近了校园与社区之间的距离。

其次，加拿大学校重视对孩子兴趣的激发和保护。比如有些孩子非常喜欢数学，但中学老师已不能提供有价值的指导，那他可以直接去大学免费旁听相关课程；有些孩子爱好音乐，学校有专业实验室可供其练习。在中小学阶段，孩子就已经在探索自己的兴趣，并逐渐明晰未来的职业发展定位。到了大学，高校为学生提供了各领域大量的选修课，学生的兴趣爱好也能得到持续的发展。与国内特长培养所承载的实用性相比，加拿大对孩子特长的培养更是为了保护他们的内在热情。

此外，还有一个细节令我印象很深，就是加拿大学校对体育的重视。校园里的体育场馆、设施都极好，学校也非常鼓励学生参与体育运动。在西方的教育理念中，体育既能强身健体、锻炼意志，也能从小培养孩子的团队精神和规则意识。

宽松的移民政策，利好依旧

对于毕业后有意在加拿大工作或办理移民的学生来说，完成两年全日制学习一般可获得三年工作签证，还有带薪实习制度可以让学生收获更多的工作经验。此外，2016 年 11 月，加拿大公布移民新政，对高学历留学生更加利好。

加拿大经济发展比较平稳，就业情况在过去几年里一直不错。据我观察，中国留学生在当地就业困难主要受制于两个因素，第一是不肯吃苦，第二是一定要找与自己专业对口的工作。这些学生可能需要更多地从长远发展的角度来看问题，愿意吃苦并放下架子，逐渐积攒职场经验。此外，加拿大华人移民是规模比较大并且比较受尊重的群体，当地的许多华人超市、餐厅等也可为中国留学生就业提供一个缓冲地带。

我当年选择移民加拿大，有几个原因。首先，我希望去一个比较发达、社会环境比较宽松的英语国家；第二，加拿大毗邻美国，能接触到先进、多元的文化；第三，我个人更喜欢天气偏冷的地方。我的孩子在美国读完书后，在多伦多工作了两年，在那里他找到了适合自己的生活状态，也积累了一些职场的经验。从外部环境来说，当地自然风光优美，社会秩序良好，尊重个人隐私，人际关系简单；从他自己的个性来说，他不喜欢你争我抢、压力巨大的生活状态，希望有更多属于自己的空间。我觉得，找到适合自己的生活方式是最重要的。这里的平静给人内心更多从容，让人能够慢下来，兼顾生活和工作，不慌不忙，坚定地朝着自己的目标前行。

加拿大四个必去景点推荐

落基山脉。加拿大落基山脉被誉为世界上最美丽的山脉，有着峰峦雪山、冰川瀑布、湖泊温泉和茂密森林。位于其中的班芙国家公园是最受游客欢迎的观光点，被誉为“落基山脉的灵魂”。

尼亚加拉大瀑布。位于美加交界处的尼亚加拉大瀑布是世界第一大跨国瀑布，垂直落差超过 50 米。在白天高峰时段，每分钟有超过 16.8 万立方米的水飞流而下，演绎出世界上最狂野的漩涡急流。

魁北克。加拿大面积第一的大省，超八成的居民为法国后裔，是北美地区的法国文化中心，留存了很多法国的生活习惯、理念和思想，官方语言也是法语。如果想在加拿大体验不同的文化，那么魁北克值得一去。

丘吉尔镇。位于加拿大曼尼托巴省，坐落于哈得逊湾、丘吉尔河的河口，因每年秋季从内陆迁徙至海岸边的北极熊而闻名。正是由于这个原因，丘吉尔镇有“世界北极熊之都”的美誉。

多伦多大学

University of Toronto

多伦多大学是加拿大在世界上声誉最好的研究型大学之一，建校于1827年。主校区位于多伦多市中心，地理位置优越，此外学校还有位于城市东部的世嘉堡校区和位于城市西部的密西沙加校区。在加拿大，多伦多大学在各种国家奖项、出版规模、捐款及经费方面都是全国之最，在各领域的杰出校友众多，比如中国人熟悉的白求恩医生。此外该校也产出了大量杰出的科研成果，胰岛素的发现就是其中之一。

Velut arbor aevo.
参天大树。
——多伦多大学校训

藏书量北美第三的图书馆

多伦多大学图书馆规模之大、藏书之多是最令该校师生自豪的一点。该图书馆曾登上北美地区大学优质图书系统排行榜第三名，仅次于哈佛大学和耶鲁大学。

学校主教学楼

渥太华大学

University of Ottawa

渥太华大学是加拿大安大略省渥太华市的一所医博类大学，坐落于加拿大首都渥太华市中心，毗邻加拿大国会山，地理位置十分优越。学校的一大特色是英法双语教学，广泛开展灵活多样的双语相结合的教学与科研项目。

Deus scientiarum dominus est.
上帝乃学识之主。
——渥太华大学校训

校园一角

现代化的综合科研楼

居高临下的国会大厦

加拿大的国会大厦位于渥太华的国会山上，远远看去像是一座古城堡。国会大厦初建于 1859 年，但不幸毁于 1916 年的一场大火。新的国会大厦是在原地按照原样重建的，只是把大楼里的许多木质结构换成了大理石结构，并于 1922 年完工。国会大厦中央耸立着著名的和平塔，塔高达 90 米，被誉为世界上最精致的哥特式建筑之一。和平塔包括一座 4.88 米高的四面钟以及 53 个铃铛组成的钟琴，定期演奏。国会大厦庞大的建筑群、和平塔钟敲出的悦耳音乐、皇家卫兵换岗时的庄严列队，让每一位来访的游客陶醉其中。

滑铁卢大学

University of Waterloo

校园一角

滑铁卢大学是一所以研究为主的综合性公立大学，位于安大略省滑铁卢市。滑铁卢大学设有北美最大的数学院，也是全世界最大的数学和计算机教育及研究中心。“带薪实习系统”是滑铁卢大学的王牌，学生大二便可以去外部公司从事相关的实习工作。知名北美企业如谷歌、微软、IBM，以及加拿大大型银行和保险公司都是与滑铁卢大学合作、接受带薪实习学生的雇主，提供给实习生的工资也相当丰厚。

Concordia cum veritate.
与真理和谐相处。
——滑铁卢大学校训

图书馆内部

大学生创业孵化工厂

数学系吉祥物——粉红领带

上图照片中这位名为拉尔夫·斯坦顿的教授极度热爱数学，年轻时的他立志要创建一个独立的数学系。斯坦顿教授以佩戴彩色的领带闻名，尤其是粉色的领带。因此，从 1968 年开始，每逢毕业典礼时，数学和计算机系大楼外就会挂出一条巨大的领带。粉红领带也成了数学系的吉祥物，如今，每个入读的新生都会在专门的日子戴粉色领带。

西安大略大学

University of Western Ontario

西安大略大学是位于安大略省伦敦市的一所著名的医博类大学，有140年的学术积累及深厚的校友网络背景。西安大略大学的毅伟商学院是加拿大最好的商学院之一，也是世界一流的商学院，与哈佛商学院同为北美案例教学的发源地。毅伟商学院的校友关系网络强大，遍布加拿大及全球各大公司高层，其毕业生在金融领域很受欢迎。

学生在讲解赛车实验项目

毅伟商学院的学生休息区

Veritas et utilitas.
真理与实用。
——西安大略大学校训

米都塞克斯纪念塔

这是校园中最具特色的哥特式风格建筑之一，原为大学学院塔，后来被命名为米都塞克斯纪念塔，以纪念二战时期奔赴战场的米都塞克斯县的人，当时在校的40名男大学生全部被征召入伍。

女王大学

Queen's University

女王大学位于安大略省金士顿，与麦吉尔大学、西安大略大学、多伦多大学并列为加拿大四大最古老的学校，也是医博类大学中常年排名前四的学校。女王大学建校于 1841 年，硬件设施完备，专业设置齐全，且提供众多本科、硕士、博士等学位。值得一提的是，女王大学的工程物理专业为全加第一，含金量很高。学校位于宁静的安大略湖畔，学习环境和生活环境十分理想。

Sapientia et doctrina stabilitas.
知识与智慧使你处乱不惊。
——女王大学校训

什么才是成功的家庭教育？

如今，家庭教育日益受到人们的重视，但是很少有家长清楚地知道自己该学什么、做什么。到底什么才是成功的家庭教育呢？

家庭教育是这两年最热门的社会话题之一，这样的问题显然不容易找到标准答案，可谓见仁见智，但值得我们每一个人去深思，因为它涉及每一个家庭的孩子和未来。

我想先从家庭的主人，也就是家长说起。家长是一个家庭的标杆，也是孩子日常生活中的楷模，家长的一言一行每天都在影响着孩子的一举一动，他们言行举止、做人做事的标准又决定了孩子的标准。这个标准和学历的高低、家庭经济条件的好坏没有必然联系，更多是和家庭的价值取向相关。认为读书重要的家庭会想尽一切办法让孩子读书，相信生活是一场拼搏的家庭会时刻提醒孩子要勇往直前，坚信平淡才是真的父母不图孩子大富大贵，只希望孩子健康顺利过一生。

当我们通过家庭教育让孩子逐步培养起自己的兴趣爱好，养成良好的习惯，拥有自己的信仰，我们的孩子就成功跨出了第一步（当然这也少不了学校教育和社会教育）。在我看来，无论我们的孩子未来走哪一条路，只要符合社会价值观，掌握相关的技能，有明确的发展路径和生存的本领，只要孩子心甘情愿、乐此不疲，做着他认为有意义的好事，既能养家糊口，又能帮助周围的人，还能为社会做出贡献，这就是一条正确的生活之路。

成功的家庭教育说到底就是家长用自己的言行举止和榜样的力量去影响孩子，帮助孩子成功地走上社会，让孩子成为一个好人，一个善良的人，一个对社会有用的人，一个快乐又受人尊重的人！

麦吉尔大学
McGill University

Grandescunt aucta labore.
成长源于努力。
——麦吉尔大学校训

麦吉尔大学坐落在魁北克省的蒙特利尔，是一所著名的研究型大学。学校始建于1821年，是加拿大最古老的高等学府，百年来在国际上享负盛誉，在加拿大人心中更是占据着特殊地位。作为加拿大最难申请的大学，麦吉尔大学的录取条件、录取平均分和奖学金门槛皆为全国高校之最，并连续多年在加拿大麦考林杂志医博类大学排行榜中位列第一。

历史悠久的文学院主楼

学校冰球队

冰球也称冰上曲棍球，起源于 19 世纪中期的加拿大，后成为加拿大的国球。麦吉尔大学的冰球队是世界上第一支正式的冰球队，第一场正式冰球比赛也是在学校所在的城市蒙特利尔举行的。

学校图书馆一角

震撼人心的尼亚加拉瀑布

我去过几次尼亚加拉瀑布，每次都会被它如虹的气势所震撼。唯一的遗憾是始终没能拍到心仪的照片，或者因为时间不对，或者因为光线不佳，或者因为雾气太重。去年又一次开车路过，我决定再去碰碰运气。到达时已近日落时分，三五成群的游客正在退去。我攀上爬下想找一个合适的拍摄位置，却总是不合心意，最终只得作罢，决定打道回府。我懊恼地穿过游客中心朝停车场走去，突然，二楼窗外的景色扑面而来。时光仿佛凝固了，一切是那样的安静和谐。我赶紧掏出相机，隔着厚厚的玻璃窗，在日落最后的余晖里摁下了快门。谢天谢地，玻璃窗真的很干净！

孩子出国留学，父母要不要辞职去陪读？

孩子打算出国读书，为了孩子的安全和成长，做父母的应该辞职陪读吗？还有其他更好的选择吗？

低龄孩子出国留学，父母是否需要出国陪读，这又是一个令人费解的问题。按常理说，出国的孩子年纪越小，就越需要有人照顾，但事实上面对低龄留学的现实，家长很难做到面面俱到。

首先，我想声明的是，出国留学没有绝对合适的年龄段，早晚都可以，关键是你希望孩子未来成为什么样的人，"洋人"还是"土人"，还是中西合璧的"混血"。我个人倾向于等孩子相对成熟后出国，至少到高中阶段，或者直接出去读大学。这时孩子在国内打下了扎实的科学课基础，对汉语及中国传统文化也有了较好的了解。因为中国正在成为新的国际中心，孩子需要立足本土，成为跨界的复合型人才，丢了根本也就失去了留学的意义。

其次，如果事出有因，孩子出国和父母的移民或事业重心向国外转移的计划同步，也就是说全家一起出国，那就再好不过。如果父母不能放弃自己的事业，也可以送孩子去海外的寄宿学校，这类学校尽管学费贵一点，但对孩子的日常生活和教学管理都会相对严格，当然也少不了靠谱的监护人。孩子一旦适应，会成长得很快。

我个人不主张父母为了孩子留学而长期两地分居，其中一方放弃自己的事业只身去海外陪读，单亲生活对孩子来说本来就是残缺的，而且这可能导致父母婚姻的名存实亡。由于文化和价值观的差异，有时候中国式父母的陪读并不一定发挥预期的作用。如果家长希望孩子从小就接受西方教育，自己也不想放弃事业和家庭，那么选择国内较好的国际学校是一条不错的折中道路。

百年理工学院

Centennial College

百年理工学院位于国际化大都市多伦多，创办于1966年，是安大略省第一所政府公立学院，每年可为4～5万全日制和非全日制的学生提供不同学制的课程，以及100余种不同专业的培训。百年理工学院拥有多种在加拿大名列前茅的专业和设施，其中最引人瞩目的是受多家企业支持的商科教育。

加拿大的学院（College）与国内的专科学校概念大不相同，前者偏重职业培训，培养具备实用技能和动手能力的人才。学院的课程设置全面，很多都提供带薪实习课程，并且可以通过转学分的方式进入大学。

现代化的学生宿舍

飞行员培训课堂

百年理工学院拥有全加拿大最大的汽车和飞机技术培训学院。这里有加拿大最大的飞机维修、飞行员培训场地，学生可在这里学到世界一流的专业技术。

教学楼上方有学校蓝白相间的标识

乔治布朗学院

George Brown College

乔治布朗学院成立于 1967 年，是加拿大最大的社区学院之一，同样位于加拿大最大的城市多伦多。多伦多曾被联合国评为世界上多元文化最兴盛的城市，是加拿大商业、艺术及科技的中心。乔治布朗学院也得益于此，拥有众多对外合作、在校实践的项目，是加拿大所有学院中全日制课程范围最广的一所。

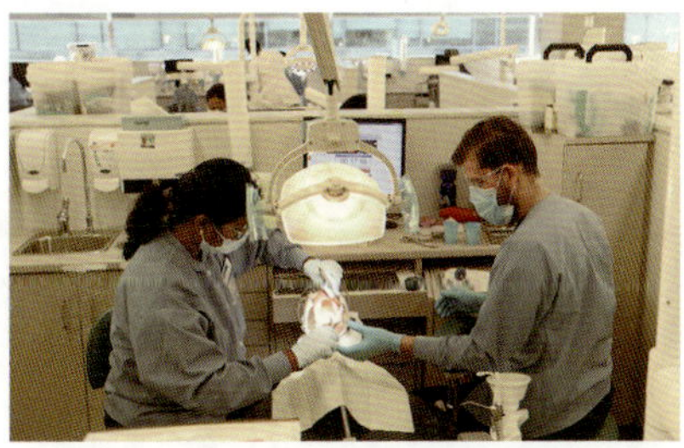

牙科实验室

烹饪课堂

学院烹饪管理专业就业前景良好，课程内容也很有趣，从基本的厨房要领，到西餐菜品的做法，以及如何识别动物身上不同部位的肉、切肉的方法等都有涉及。

曼尼托巴大学
University of Manitoba

曼尼托巴大学始建于 1877 年，坐落于素有“北方芝加哥”之称的曼尼托巴省温尼伯市，是加拿大西部的第一所大学，学习氛围浓厚，各类专业齐全。在过去的一百多年中，学校在科研方面取得了显著的成绩，共产生了近百位罗德奖得主。曼尼托巴大学曾联合英国牛津大学和美国华盛顿大学组成世界级的研究团队，为艾滋病防控研究做出巨大贡献。此外，学校在北极气候变化研究方面居世界领先地位。

Floreat.
繁荣昌盛。
——曼尼托巴大学校训

学校主教学楼

设施齐全的健身房

曼尼托巴大学的校园活动中心（如上图所示）拥有非常完备的体育运动设施，在整个北美地区都首屈一指。活动中心内有200米的室内上层跑道，1000多个可供免费使用的健身器械。

学校工程系入口

雪山间的蓝宝石

加拿大我去过很多次，但一直没有机会目睹佩投湖的景色。2016 年 9 月份，我终于有机会来到落基山脉脚下，一睹她的风采。蓝宝石一般的湖水被雪山环抱于中央，呈现出天然的五角星形状。同事们都忍不住感叹，太惊艳了！佩投湖之所以拥有如此浑然天成的色彩，是因为山体周围冰山的石粉会掉入湖中，再加山上融化的冰川水累积，经由阳光照射，呈现出美妙的蓝绿色，成就它的与众不同。我站在弓河山口眺望，用相机记录下这片美得让人窒息的景色。

辞职出国留学，这样的选择值吗？

打算辞职然后出国留学，勇敢地追求梦想，不想让人生留下遗憾，但还是很纠结，这样的选择真的值吗？

辞职出国留学是不是值得，这确实是个让人纠结的问题。不少已经走上工作岗位的人既想出国留学，又担心丢了手头的工作，最后得不偿失。纠结是因为我们还没有下定决心，或者对未来没有把握。产生辞职出国学习的念头肯定是有原因的：有的人职业发展很不错，但希望有新的突破；有的人已经工作几年，却担心不充电会后劲不足；有的人在现公司可能已经面临被淘汰的处境。

我们都应该清楚，职业发展是一条漫漫长路，不是冲刺，而是一辈子的长跑，比拼的是意志、技巧、耐力和速度等，而出国留学就是为了增长知识、开阔眼界、提升能力和丰富自己的阅历，为自己的职业发展不断充电加油。所以出国之前，你需要有明确的目标和坚定的意志，出国之后需要加倍地努力和付出，完成学业后还需要付诸行动，用成绩来证明自己的能力，这样才能真正做到学有所成，可以说这是对我们意志和能力的一个综合考验。

所以无论处于上述哪种情况，不要跟风从众，更不要感情用事。首先要对自己的动机、目标、信心和行动力做一个评估，没有破釜沉舟的决心，千万不要轻举妄动。其次，要考虑如何将过去的工作经历和个人兴趣以及市场需求等结合起来，选择最合适自己的专业、时机和路径。最后，即使决定出国留学，也要时刻和国内外同事保持联系，密切关注行业的发展变化和就业形势，让自己成为一个用心有准备的人。

从长远看，有准备的辞职留学是值得的，这段难能可贵的经历无疑会给我们的职业发展增添新的国际筹码。

阿尔伯塔大学
University of Alberta

阿尔伯塔大学位于阿尔伯塔省的埃德蒙顿市中心，学校的优势专业是工程类，例如石油工程与技术。由于阿尔伯塔省盛产石油和天然气，经济支柱为石油开采加工，因此石油工程类专业的毕业生在当地的就业情况非常理想。

此外，学校的计算机和信息科学等专业也走在世界前列，此前在围棋人机大战中战胜李世石的机器人 AlphaGo，就是由阿尔伯塔大学的毕业生完成的核心编程工作。由于阿尔伯塔省的消费税只有 5%，这里留学生的生活费用相对较低，留学性价比也很高。

Quaecumque vera.
凡事求真。
——阿尔伯塔大学校训

校内中心商业区

在阿尔伯塔大学，你不必担心寒冷和出行的问题，因为校园内的中心商业区（Hub Mall）联通了学生公寓、教学楼、图书馆、诊所、健身房、室内足球场、田径场，以及多个餐饮区，室内四季如春。

舒适的自习区

宽敞明亮的室内体育馆

英属哥伦比亚大学

University of British Columbia

英属哥伦比亚大学位于加拿大第三大城市温哥华，简称 UBC，于 1908 年作为麦吉尔大学不列颠哥伦比亚分校成立，1915 年获批独立，是不列颠哥伦比亚省历史最悠久的大学。作为加拿大顶级研究学府之一，英属哥伦比亚大学在加拿大高校排名中常年位居前三之列，被誉为西海岸的明珠，每年都吸引众多世界一流学子前来就读。

风景怡人的校园

英属哥伦比亚大学不但学术声誉高，而且风景优美，温哥华校区三面环海，位置极佳，校园中还有数个不同风格的花园，有“全北美最漂亮的校园”之美誉。每年都会有很多情侣选择来到学校的玫瑰花园拍婚纱照，各色盛开的玫瑰在海天一色的背景下显得格外艳丽，令人陶醉。

Tuum est.
这是你的。
——英属哥伦比亚大学校训

尚德商学院

秋天到来时，校园里枫叶满地。

西蒙弗雷泽大学

Simon Fraser University

西蒙弗雷泽大学，创立于1965年，共建有三个校区，其中主校区坐落于大温哥华地区的本那比市内。学校以探险者西蒙·弗雷泽命名，是加拿大享负盛名的综合类大学之一。学校专业课程设置实用性强，可供选择的课程多，学生就业有较强的竞争优势。此外，弗雷泽国际学院（FIC）的快捷项目为希望入读该校的留学生提供了非常好的桥梁课程。

Nous sommes prêts.
我们已准备好。
——西蒙弗雷泽大学校训

校园中的特里·福克斯纪念雕像

特里·福克斯曾在西蒙弗雷泽大学就读过，他因患癌症被迫截去右腿，但始终保持乐观态度。1980年，他发起了特里·福克斯义跑（现在更为人们熟知的名字叫“希望马拉松”），号召每人为癌症研究捐赠一元钱，由此成为“希望马拉松”的奠基者。他的故事在加拿大家喻户晓，鼓励着千千万万的年轻人奋发向上。

校园内正在学习的同学

风景优美的校园

湖边的教学楼

这座教学楼出自一名加拿大著名建筑师之手，整座建筑依山而建，高度限制在3～4层，且完全串联在一起。教学楼随地势起伏而高低错落，掩映在森林之中，倒映在湖面之上，有一种神秘而低调的存在感。

维多利亚大学

University of Victoria

Multitudo sapientium sanitas orbis.
打破黑暗。

——维多利亚大学校训

维多利亚大学位于不列颠哥伦比亚省省会、素有“花园城市”美称的维多利亚市，于 1963 年正式成立，是一所综合类公立大学。维多利亚大学以丰富的学科设置、良好的教学声誉、风景如画的校园闻名海内外。

学生在攀岩馆训练

除了学术水平，维多利亚大学的体育教育同样引人注目。攀岩、网球、篮球、游泳、冰球、瑜伽、高尔夫、皮划艇等各种课程应有尽有。在加拿大国内的各项比赛，以及奥运会、残奥会等国际赛事中，维多利亚大学的学生屡屡斩获佳绩。此外，NBA 知名球星史蒂夫·纳什于 2008 年被该校授予法学名誉博士学位。

卡普顿大学

Cape Breton University

Theid dichioll air thoiseach.
坚持就会胜利。
——卡普顿大学校训

教学楼内景

卡普顿大学原名不列颠海角大学，建于 1951 年，地处加拿大新斯科舍省悉尼市，紧邻大西洋，是加拿大的一所综合性公立大学。学校的教学模式在加拿大为首创，融文学、理工、科技贸易于一体。

卡普顿大学的酒店管理专业在加拿大大学中享有盛誉，采用小班授课制，全部课程共六个学期。学生在完成基础学习以后，可以参加带薪实习，通过实践积累行业经验。

学校图书馆

学生宿舍

道格拉斯学院

Douglas College

道格拉斯学院是加拿大最大的公立高等学院之一，距离温哥华 25 分钟车程。学院提供四种教育服务，包括两年制副学士学位（相当于我国的专科文凭）、三年制高级专科文凭、继续教育和 30 多个职业培训项目。道格拉斯学院为学生提供一系列多元化的课程，学生也可以通过转学分的方式，进入英属哥伦比亚大学、西蒙弗雷泽大学、维多利亚大学等继续攻读学士学位。

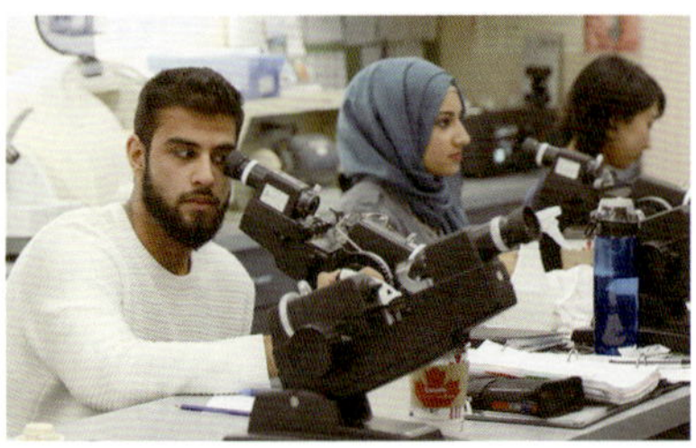

学生在学习验光配镜

学院的配镜专业相当出名，就业率高，收入也比较丰厚，因此吸引着来自世界各个国家的学生前来就读。

范莎学院

Fanshawe College

Unlocking potential.
潜力无限。
——范莎学院校训

范莎学院拖拉机维修专业学生

范莎学院是加拿大最大的公立学院之一，位于安大略省伦敦市，提供多种职业技能学历课程。范莎学院最具吸引力的项目之一是与西安大略大学签署的双录取协议，即学生无需雅思或托福成绩，只需在范莎学院完成 ESL（以英语为第二语言）班五级课程，并且达到 80% 的成绩就可以进入西安大略大学的任何本科专业就读。除此之外，范莎学院还与安省众多大学签订了转学分协议，学生不仅能在范莎获得宝贵的实践经验，还有机会进入知名大学深造。

车辆维修专业课堂

瑞德里中学

Ridley College

Terar dum prosim.
愿我在奉献中过完一生。
——瑞德里中学校训

宽敞的学生剧院

瑞德里中学创校于1889年，至今已有近130年的历史。学校由天然树林、绿色草坪、宽敞的运动中心和哥特式建筑组成，景致优美，学习气氛浓厚，硬件设施良好。瑞德里中学不仅注重学生在课业上的发展，同时还举办丰富多彩的课外活动，包括艺术、体育、领导力以及社会服务等，以培养学生的综合素质。

校园一角

厄尼斯特曼宁高中

Ernest Manning High School

厄尼斯特曼宁高中隶属于加拿大西部最大的公立教育局——卡尔加里教育局。原校始建于 1963 年，2011 年 9 月搬迁，新校区本身就是一座充满艺术感的建筑，学校设有健身房、工程实验室、电子学习中心、音乐室、机器人实验室、多个餐厅以及学习共享中心，提供烹饪、乐器、美容、3D 打印、设计、机器人等 200 多门选修课程，学生可以根据兴趣自主选择。平均每位教师负责 15 名学生，校长和当地教育局官员会定期进行抽查和监督。

Optima quaerimus.
我们追求最好。
——厄尼斯特曼宁高中校训

正在做作业的学生

烹饪课堂

图书馆自习室

做坚定的国际教育倡导者

1984 年到 1996 年，我在做了 12 年的大学教师之后赴澳大利亚留学读研，毕业后在伦敦 BBC（英国广播公司）国际台做了两年记者，2000 年辞职回国加盟新东方，一直工作至今。可以说，在过去 30 多年里，我一直在从事和教育、语言、文字相关的工作。如果说今天我在教育行业取得了一些小成绩，那也是日积月累的过程。初当大学老师时，我对教育的理解只是上好课、教好学生。留学后发现教育的定义可以更加广泛和深刻，到了新东方之后，又发现教育可以非常务实和落地。由于天天面对很多学生，目睹家长和孩子的不同诉求，我在工作中不断学习，自己的教育梦想也因此变得更加生动和丰富。我越来越坚信，今天我们的孩子需要接受更多的国际教育。

不知不觉，回国一头扎进教育行业已经 17 年了，其中经历过非典、世界金融危机、互联网泡沫、股市冲击、公司人才流失、外部机构的诱惑等诸多事件，而我今天依然坚守在自己的岗位上，也没有后悔过我所从事的职业。虽然每天的工作很繁琐，要不断面对新的挑战和压力，但我明白自己在坚持的是一件有意义的事。

我在 2013 年发起“探寻世界名校之旅”，历时五年，我和团队走访了近 20 个国家，上百所名校，希望展示一个真实的留学世界。在走访过程中，国外院校学生的开放心态、创新思维、多元发展、全球意识和学校对素质教育的重视都给我们留下了深刻的印象，也更坚定了我倡导国际教育的决心。

主张国际教育并不意味着毫无选择的“拿来主义”，而是选择、借鉴和完善。通过在国外实地走访和这些年工作中的体会，我认为以下几个方面值得我们学习。首先， 西方发达国家更重视对孩子兴趣的激发和保护。在中小学阶段，孩子就已经开始探索自己的兴趣，并逐步培养，努力和自己未来的职业发展相结合。到了大学阶段，学生有大量的选修课去进一步发展自己的潜力，兴趣爱好也能得到持续的发展。反观国内，特长培养容易走向狭隘的实用目的，只关注实用结果，导致兴趣沦为加分的工具，忽视了学习的乐趣和个性的长期发挥。

其次，西方国家教育资源的分配上更合理、更注重共享。一方面，国外高校自身定位往往非常明晰， 比如加拿大的高校分为医博类、综合类、社区类，院校从高精尖科研院校到注重动手实践的社区学院，各有侧重。而中国的许多大学还在追求大而全，丢失了自身的优势。另一方面，国外学

加拿大范莎学院的飞机维修专业课堂

校的资源不仅向周围社区居民开放，实现资源利用的最大化，院校之间也有许多项目合作，优势互补。

此外，国外高校对体育的重视也是远超国内的。校园里的体育场馆、设施都极好，学校也非常鼓励学生参与体育运动。在西方的教育理念中，体育既能强身健体、锻炼意志，也能从小培养孩子的团队合作精神和规则意识。

在研究了耶鲁、哈佛等国外高校的通识教育课程之后，我们也更加理解了通识教育课程的重要性，这些课程是我们作为一个现代人去理解我们这个世界所需要的基本知识框架，这对任何专业的同学来说都是举足轻重的。作为一个 21 世纪的青年学生，我们仅仅有高分和高薪是远远不够的，我们还需要有更加国际化的能力和全球意识，我们才能去主宰这个世界！

孩子的成长是一辈子的长跑，不是冲刺。我始终坚信，教育应该是使人快乐的，应该帮助孩子成长为更健全、更美好的人。前不久，新东方提出了“终身学习、全球视野、独立人格”这一新的教育理念，希望以此去影响和帮助更多的年轻人，让他们拥有更健康的心态和更完善的知识结构，能够更自信地走向世界，并通过自己的努力让世界变得更美好。

游行乐队

广场上的儿

贾斯珀公园沿途

实验室里的学

班芙小

夕阳下的多伦多公路

我和加拿大中学生的合

温哥华煤气镇蒸汽钟

从皇家山俯瞰蒙特利尔

格兰维尔岛菜市场

公路沿途的母鹿和小鹿

凭窗学习的学生

维多利亚港

范莎学院飞机维修专业课堂

多伦多夜景

CHAPTER 6 第六章

欧洲

2017 年 9～10 月，
探寻欧洲名校之旅。
自北向南，穿越九国，
体验最多元的文化与最精彩的教育。

欧洲名校穿越是我一直以来非常期待的旅程，这里的教育太多元、太精彩！“大学之母”意大利博洛尼亚大学、享誉全球的瑞士洛桑酒店管理学院、与柏林爱乐乐团紧密合作的柏林音乐学院、世界顶尖厨艺学校法国蓝带学院、全球基础教育改革先锋芬兰罗素高中……这些名校都在向我们讲述着欧洲教育的辉煌历史、先进理念和独特的办学经验。

扫描二维码
观看探寻欧洲名校之旅纪录片

德国新天鹅堡

阿尔托大学

Aalto University

不拘一格的设计系展示厅

阿尔托大学位于芬兰首都赫尔辛基，是一所具有上百年办学经验的北欧顶尖学府，“北欧五校联盟”成员。该校由赫尔辛基理工大学、赫尔辛基艺术设计大学、赫尔辛基经济学院三所高校合并而来，而这三所大学分别是全球理工类、艺术类、经济类学科领域的佼佼者。

学校在艺术设计领域的优势尤为明显。走进阿尔托大学，从图书馆、学生餐厅到小小的灯具、酒杯，都极具北欧风格，让人耳目一新。学校拥有斯堪的纳维亚地区最大的设计学院，很多知名设计师都曾在此求学，学校也以芬兰籍建筑大师阿尔瓦·阿尔托来命名。

阿尔托大学图书馆

阿尔托大学图书馆的改造项目获得“2017 年芬兰建筑奖”。整个图书馆光线充足，自然又舒适，圆形壁龛嵌在不同的墙体内，为私人学习提供了舒适的阅读角。评审团在给出的评语中写道：“这个项目的地下空间部分设计精湛，内部设计尤为突出，给建筑带来了一种充满未来感的动态形象。建筑师们表现出一种充满勇气与真诚的态度，在建筑本身的美学和各种新时代功能需求中找到了平衡。”

图书馆阅览室

图书馆内极具设计感的吊灯

罗素高中

Ressu Upper Secondary High School

罗素高中位于芬兰赫尔辛基市中心，已有上百年的历史，在国际上享有较高的知名度，近年来更被认为是全球基础教育改革的先锋，其教学模式和经验被世界多个国家学习和借鉴。走班制教学、高标准的平等教育、因材施教、重视体育运动与动手能力……这些都是罗素高中教学改革的核心要素。

气氛活跃的课堂

学生休息区

快乐的学生们

这才叫真正的因材施教
——探访殿堂级名校芬兰罗素高中

芬兰是一个人口小国，却是一个教育大国。关于芬兰中小学教育的讨论很多，在国际学生评估项目 PISA 测试中芬兰也屡次名列前茅，让世界的目光转向了这个平静而与世无争的北欧国家。这次我们特别安排了参观罗素高中的行程，探索这所跻身世界著名中学行列的百年名校，不仅因为它的声名在外，更因为其富有开创性和卓有成效的教学改革。

特意提前半个多小时到达，想象中这样蜚声在外的名校应该有霸气的大楼和广阔的校园，但是跟着导航到达后，迎接我们一行人的只有一扇有些生锈的小铁门，而没有标识明显的校门；镶嵌在有着百年历史的教学楼上的校名，更是低调得仿佛不想让人特别注意到。

没有固定教室：走班制教学让学生为自己学

上午 10 点，罗素高中校长阿里・霍卫宁先生已在教学楼前迎接，对于中国教育界他已经是一个熟面孔，多次出现在中国教育创新年会、世界名校长论坛等教育研讨会上。“我们是北京人大附中和北大附中的姐妹学校。”校长介绍道。的确，对于国内的中学来说，罗素高中确实像个老朋友了。

走进教学楼，过道里满是背着书包等待上课的学生，因为实施了开创性的“走班制”教学，没有固定的班级甚至年级，孩子需要在不同的教室之间穿梭。这种景象不禁让人觉得罗素高中更像个大学。

学生通过选课软件选课，每个人都拥有“私人订制”的课表。与国内有固定的教室和班级、课程安排也完全跟着学校和老师走不同，这里的学生可以根据自己的兴趣选择合适的课程，因材施教的个性化教学在这里成为现实。改革之初也曾引起不少争论，但是对于学生自主学习能力的培养，这种教学制度提供了一种制度激励。近年来，罗素高中还同北京、上海教育科学研究院等机构密切合作、交流，为中国开展高中教育改革提供了大量资料和有益的经验。走班制的模块化教育，近两年也在中国校园试点。

罗素高中的不少教室没有讲台和四平八稳的课桌，而是围拢聚集式的圆桌。一位教学主管介绍，孩子们将不再单独进行数学、物理等科目的课程学习，而是加入到多学科综合授课的尝试当中，从更加贴近现实的角度接受教育。总之，在这里，教育的意义不是灌满一桶水，而是点燃一把火。

芬兰国际班的中国女孩：无差别对待让人无压力

罗素高中由 IB（大学预科的课程）国际班和普通公立班组成，学生组成也多种多样。在楼道里等待上课的学生中，我们一眼就看到了一个黑头发的东方面孔。来自北京二中分校的张同学一年多前随父母来到芬兰，上了半年以语言学习为主的初三课程后，目前就读于罗素高中的 IB 班。

问到学校有多少国际学生，张同学说她也不知道，因为学校不会特意提及学生的种族。校长也提到，在学校眼中，任何人、任何种族都是平等的，受教育及享受教育资源的机会也是平等的。除了不论出身一视同仁地对待所有学生之外，张同学还有一点很深的体会：学校不会仅仅以成绩区别学生，“老师从不刻意设置难题以拉开所谓好学生与差学生的距离，也不会关注成绩排名，学生之间的成绩也没有很大差距”。没有让人喘不过来气的张榜排名和时刻存在的竞争，学生只需要努力提高自己、做好自己。每个学生在每个方向都达到同样的水平是不现实的，但是可以让每个学生在自身水平上追求更高、更好、更强，对每个个体独特性的尊重和对平等的追求充分体现了这里的人文精神。这种教育带给学生的自信感将会贯穿终生。

我们参观的时候正好赶上一场考试，不少同学桌子上都放了零食和水，还有同学为了舒适干脆脱了鞋子，并没有特别沉重的紧张肃穆感，不过这场考试居然要持续六个小时。罗素高中每个学年共有五个学期，每个学期最后一周是考试周，通过考试后再进入下一学习阶段。

罗素高中校长一直在强调，应对变革的世界，学校也在寻求迭代升级，以便更好地支撑学生的多元发展；让孩子们不仅学到知识，更成为一个拥有自我力量、全面发展的人。

真正踏入芬兰，才真正理解芬兰人的朴素和人文精神。那些鲜花点缀的民宅，那些并不豪华但是线条流畅、充满巧思的建筑，那车道上骑车的身影，都让这个国家不仅是北欧神话中的传说，更具有切实可感的温度。从市中心的街头艺人到静默教堂，从绿色的有轨电车到海港码头，赫尔辛基的文艺气质都在以一种润物细无声的方式流露，让我们窥见一个幸福的教育大国的秘密。

芬兰小镇波尔沃

波尔沃位于芬兰首都赫尔辛基以东 50 公里，坐落在波尔沃河河口，是一个景色如画的古镇。早在中世纪，波尔沃就是一个重要的进口贸易中心，波尔沃河沿岸的一排排红仓房向人们展示了波尔沃的航运史。

斯德哥尔摩经济学院

Stockholm School of Economics

学院徽标

斯德哥尔摩经济学院是瑞典的商学院最高学府，欧洲顶尖商学院之一，连续十年在北欧地区商学院中排名第一，也是诺贝尔经济学奖的评选机构之一。学院奉行精英化教育，每年只招收 300 余名学生。该校商科类专业以金融专业为翘楚，每年为投资银行、私募基金、创投基金、管理咨询公司和大型企业输送不少高品质人才。学院注重学界与业界的交流与合作，可口可乐、宜家、宝马、IBM、H&M 等上百家知名公司已成为其项目基地，为学生提供极佳的实习与科研场所。

极具设计感的图书馆

图书馆主要收藏商业和经济类图书，是瑞典国家商业和经济类资料的主要来源之一。此外，馆内还有部分法律和统计学方面的图书资料。

气氛热烈的课堂

学校教学模式灵活，尤其注重课堂讨论与课外实践。学校是欧洲投资银行的 Target School（顶级投行历来喜欢在全球设置 Target School，然后再从这些尖端学校中选取一小部分顶尖人才）。大型知名投行每年都会来学校举办专场招聘宣讲，学生在就业和实习时相对更容易找到心仪的机会。

瑞典皇家理工学院

KTH Royal Institute of Technology

瑞典皇家理工学院位于瑞典首都斯德哥尔摩，是瑞典国内最负盛名的理工院校。该校理工科在欧洲乃至世界享有很高声誉，尤其在电子、电气与可持续能源、通信、建筑学、产业经济学、城市规划与环境技术等领域有自己的专长，瑞典全国约三分之一的工程师都出自这所大学。目前该校拥有本科生及硕士研究生 18000 多名，博士研究生 2000 多名。

Vetenskap och konst.
科学与艺术。
——瑞典皇家理工学院校训

校园中的红砖建筑让人感觉宁静又古朴

校园一隅

图书馆自习区

隆德大学
Lund University

Ad utrumque.
善文能武。
——隆德大学校训

隆德大学是北欧最大的高等教育和科研机构之一，世界百强名校，已有 350 多年的办学历史。学校拥有 26 个图书馆、200 多个数据库、38000 余册电子书及电子期刊、30 个全球领先的研究中心……瑞典语和英语教育项目丰富，教学与科研实力雄厚。校园依旧保留着沙土路面，湿润的泥土与随处可见的绿植散发着清新的气味，让人心旷神怡；白房子、大教堂、宴会厅美轮美奂，有些建筑已经有上千年的历史；不同肤色的学生们或坐在喷泉前读书，或骑着自行车在校园中穿梭，充满着青春活力。

隆德小镇

隆德大学的特别之处在于“大学即城镇”，小镇与学校融为一体。隆德小镇中几乎一切的设施都围绕校园建设，学生们的学习和生活非常便利，社会环境十分友好。上图即为隆德小镇的街景。

参观诺贝尔博物馆，致敬那些改变了世界的人们

来到瑞典首都斯德哥尔摩，诺贝尔博物馆是一定要去参观的地方。诺贝尔奖自 1901 年首次颁发以来，就备受世界瞩目，从来没有其他任何奖项覆盖如此之多的自然和人文学科，跨越如此之多的国家，代表着世界上至高无上的荣誉。

诺贝尔博物馆坐落于斯德哥尔摩古色古香的老城区，与瑞典皇宫、国家博物馆相邻。走近后发现，博物馆并不如想象中的恢宏巨制，只有一扇普通的玻璃门作为入口，参观者有序地排队购票进入。展厅面积大约 500 平方米，分为历届获奖人物介绍、颁奖典礼影像资料、纪录片展映、诺奖得主私人物品展览等四个区域，隆重而简朴。

青霉素的发现、晶体管收音机的发明、柏林墙的倒塌、数码相机的发明、一战中红十字会的卓越贡献……一个个具有划时代意义的历史事件图文并茂地展现在眼前；罗曼·罗兰、泰戈尔、叶芝、萧伯纳、艾略特、海明威……不同时代的文学巨匠以其伟大的作品点亮我们的精神世界。诺贝尔奖的发展进程正是人类奋斗、求知、仁爱的百年史！

诺贝尔晚宴厅管风琴

哪些人有资格获得诺奖呢？阿尔弗雷德·诺贝尔在他的遗嘱中这样表述：奖项应该颁发给那些对人类发展做出最大贡献的个人和团体。他同时宣布，捐赠自己 95% 的财产用于奖金设立。1901～2017 年，这一百多年来，除因战时中断，每年的 12 月 10 日，诺贝尔奖颁奖典礼都会如期举行，以表彰全世界范围内，在物理、化学、医学或生物学、文学与和平五个领域做出突出贡献的人们。

颁奖典礼在斯德哥尔摩音乐厅举行，晚宴则在市政厅展开。当晚，诺奖得主、瑞典

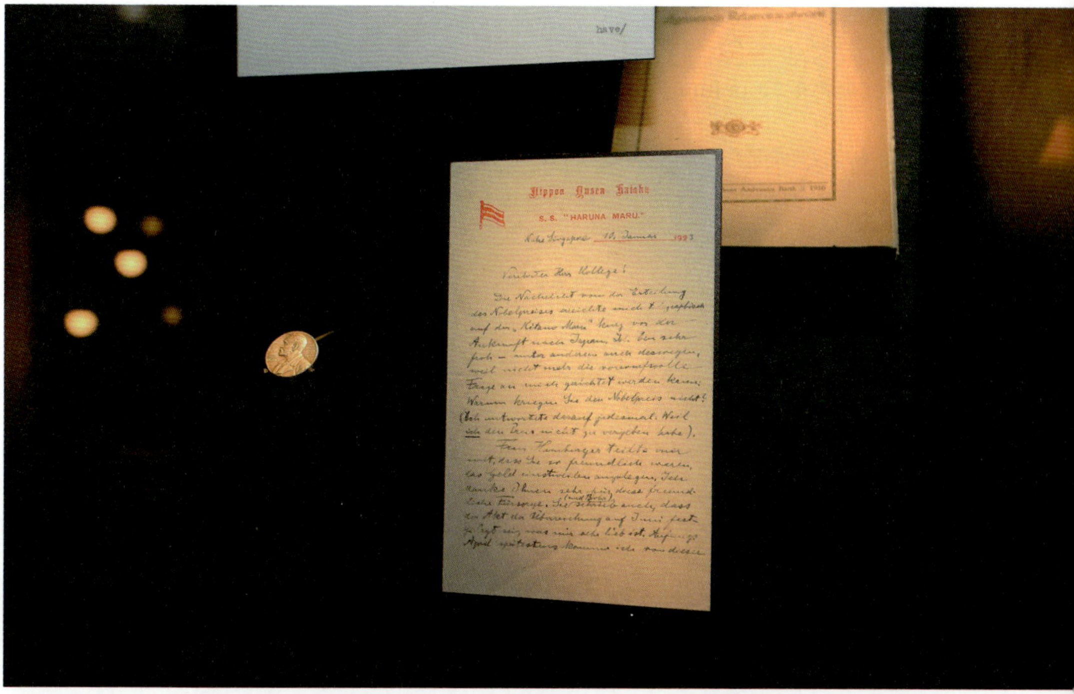

诺贝尔博物馆展出的获奖者手稿

皇室成员、政府官员、各国外交使节等上千人相聚在市政厅的蓝厅，享用瑞典最有才华的厨师烹制的佳肴。据市政厅工作人员介绍，厨师和菜品的选择就要花去半年时间，再经过反复比较、推敲后才最终确定菜谱。2016 年，3 亿人观看了诺贝尔晚宴直播，它也因此被称为是“全世界最受人关注的晚餐”。晚宴期间，五个类别的诺奖得主各选出一位代表进行发言。于 2012 年获得诺贝尔文学奖的中国作家莫言就曾在晚宴期间发表了《我是一个讲故事的人》主题演讲。

诺奖得主私人物品展览是博物馆的一大亮点。或许我们能从一顶帽子、一条围巾、一双鞋中想象诺奖得主的生活和工作状态；而他们用过的一把剪刀、一辆自行车、一叠稿纸也在向我们诉说着某项重大发现或是某个灵感的诞生。

导游告诉我们，全新的诺贝尔文化中心正在建设中，更加注重创意与互动，将成为与诺奖有关的展览、教育、重大活动和会议场所，由著名设计师大卫·奇普菲尔德主持设计，预计将于 2019 年投入使用，而目前的诺贝尔博物馆也将搬迁至此。

哥本哈根大学

University of Copenhagen

哥本哈根大学是丹麦最有名望的综合性大学，也是北欧历史最悠久的大学之一。经过 500 多年的发展，哥本哈根大学从最初只对社会名流开放，已发展演变成一所学科全面、集教育与科研于一身、拥有多项全球领先科技成果的著名公立大学。如今，作为世界百强名校，哥本哈根大学为丹麦培养了许多科学家、医生、律师和教师等专业人才，在某种程度上构建起了斯堪的纳维亚地区经济和科技发展的基石。

Coelestem adspicit lucem.
目之所及，天光妙契。
——哥本哈根大学校训

哥本哈根大学图书馆

在学校工作人员的带领下，我们有幸进入了这座拥有 500 多年历史的学校图书馆。在图书馆阁楼中探寻古籍，畅想一代代学子在经窗棂雕琢的阳光下阅读的专注，时间仿佛静止在这一刻。

药物化学专业独领风骚

哥本哈根大学在药学、国际健康、医药健康专业与方向上的研究与教学属世界一流水平。学校地处欧洲三大最佳生物科技创新基地之一的医药谷（Medicon Valley），医药方面的技术、人才和资金在此高密度积聚，学生学习、研究与就业更有着得天独厚的优势。

身穿独特“系服”的药物化学系学生

安徒生：把一生写成童话

很多游客来到哥本哈根后，都会把海边的小美人鱼雕塑作为旅行的第一站，而这个凄美爱情故事就出自丹麦童话作家汉斯·克里斯汀·安徒生（1805～1875）。

安徒生在临终前曾对一位年轻作家朋友说："我为自己的童话付出了巨大的，甚至可以说是无可估量的代价。为了童话，我拒绝了自己的幸福，并且错过了这样的一段时间，那时，不管想象是怎样有力、如何光辉，它还是应该让位给现实的。"

这个创造了令人惊异的艺术成就、人类历史上最伟大的作家之一，究竟如何度过他的一生？我们从哥本哈根出发，经过两个小时的车程，来到了安徒生的故乡欧登塞，安徒生故居博物馆就在这里。

"因为我丑和贫穷，没人愿意嫁给我"

博物馆入口处的安徒生画像为我们大致描述了这位作家的外形——身高一米八五，比 19 世纪人的平均身高高出 25 厘米。高个子，深眼窝，大鼻子，又细又长的四肢，宽大的手脚，不太符合当时的大众审美，甚至被认为是丑陋且奇怪的，令人反感。

当然，这只是大家对他的第一印象，与他相熟的朋友并不这么认为。他们觉得，安徒生的脸生动而充满智慧，神态庄重而优雅。可安徒生自己觉得，他的外表不会吸引到任何异性。

安徒生 1805 年出生于欧登塞一个贫穷的家庭，父亲是一个鞋匠，母亲是一个洗衣匠，童年时期就清楚感受到了人情冷暖和世态炎凉。安徒生少年时代展现出了惊人的写作天赋，但直到中老年时期，他的经济状况才有所好转。

虽然一生未婚，但安徒生的感情世界也不是一片空白，其中，他对瑞典歌唱家詹尼·林德的爱尤为炽烈。这位歌唱家当年刚刚 20 出头，才华横溢，蜚声国际。遗憾的是，詹尼·林德并未对安徒生的爱做出回应，仅在一次聚会中表示，如果要从所有丹麦人中选一位做自己的哥哥，她会选择安徒生。这委婉的拒绝让安徒生倍感痛苦，他保留了聚会时的香槟杯，珍藏了这段既甜蜜又忧伤的回忆。

博物馆入口处的安徒生画像

博物馆位于一座宁静平和的小镇之中

tidligere havd
Samlivet med
respekt, kærli
han egentlig a
Dorothea Mel
omsorg den g
og til hende k
komplicerede
52.2
1 Bind

安徒生博物馆中的藏书

“高贵的思想比贵族的血统更加重要”

安徒生生活在一个巨大变革的时代。在他出生的年代，只有60%的欧洲儿童能够存活下来。那时，国王即法律，到处是文盲，科学技术刚刚起步，死亡和贫困问题十分突出，性仍是一个禁忌话题。

在这样的大环境下，生活在社会底层的安徒生觉得十分苦闷。他经历过童年的贫困，深刻理解社会等级的残酷。但他认为，评判一个人应该看他的才华和能力，而不是出身，并曾说出“一个人高贵的思想比贵族的血统更加重要”这样充满温情和远见的话。

安徒生最让人感动的地方在于，即使身处黑暗的阴沟，也永远心向阳光，这一点在他的童话作品中体现得淋漓尽致。在《全家人讲的话》中，他说：“活着本身就是一个精彩的童话。”在《蝴蝶》中，他说：“单是活下去还不够，必须有阳光、自由和一朵小小的花。”在我们更为熟知的童话故事《丑小鸭》中，他说：“只要你是只天鹅蛋，就算生在养鸭场里也没什么关系。”

“丰富的想象力和敏感的神经折磨着我”

“我像一潭水，一切事情都能引起我内心的波澜，一切事情都能在我身上投下倒影。这对一个作家来说，既是难得的天赋，又是一种折磨。”安徒生的这段话深刻描述了他矛盾、深沉的一生，这种激情和敏感也体现在他众多优秀的剪纸和绘画作品中。

他在晚年回忆说，他这一生经常梦到一个小孩，这个孩子有时安静地待在一旁，有时在他怀中死去。有作家朋友说，安徒生显然是孤独的，但是这种孤独好像是注定的，无法改变，也无需改变。

安徒生喜欢独自旅行，他说，旅行即生活。的确，旅行已经成为他生活的一大主题，而他在国外旅行的时间足足有九年。他去过欧洲很多国家，也到过亚洲和非洲，这在当时并不常见。在丹麦生活期间，他大部分时间住在哥本哈根的新港。如今，这里已经成了一条酒吧街，他住过的红房子也已被重新粉刷，推开窗就能看到运河中来来往往的船只。

安徒生于1875年因病逝世。作为人类历史上最重要也最多产的作家之一，安徒生为世人留下了168个童话故事，至今已有150余种语言的译本。此外，他还完成了14部长篇小说和许多短篇故事，以及大约50部戏剧、上千首诗歌、自传、随笔及诙谐有趣的小短文。他为千万个孩子以及成人构建了一个美丽的童话世界，也将自己充满悲剧性的一生写成了童话。

阿姆斯特丹大学

University of Amsterdam

和很多欧洲名校一样，建于 1632 年的阿姆斯特丹大学有着悠久的历史，而如今的校园里已满是线条简洁的现代化大楼，似乎已经看不到这座校园里曾经上演的风云变幻。但是即使经过了几个世纪，人文、启蒙、自由的精神仍旧在这所旗帜性学校熠熠生辉——2013 年席卷整个欧洲的旨在拯救人文学科资金问题的运动，发源地正是在这里。

阿姆斯特丹大学是一所名副其实的世界名校，在 2017 年 QS 世界大学排名中位列第 57 位，走出过 6 位诺贝尔奖获得者。优势专业多元而平衡，经济与商学院蜚声欧洲；在文科方面，不得不提其传媒类专业，在 2017 年 QS 世界大学传媒专业排名中飙升到了第二名。

散布城市当中的多个校区

作为典型的欧洲式高校，阿姆斯特丹大学的校区遍布整个城市，学校共分为四个校区、七个学院。这样的设置旨在连接大学与城市景观，使周边的建筑物与公共空间变得更加开放和易用，学校与社区更好地彼此融合。上图即为阿姆斯特丹大学的校区之一，Roeterseiland Campus。

经济与商业学院

阿姆斯特丹是荷兰金融商贸之都，也是欧洲乃至世界上重要的国际贸易都市。在荷兰，以商科强势而闻名的高等学府中，阿姆斯特丹大学向来是不可忽略的存在，其经济与商业学院拥有世界一流的研究中心和大批知名教授，毕业生活跃在荷兰及欧洲的经济、金融等领域。

莱顿大学

Leiden University

莱顿大学成立于1575年，是荷兰历史最悠久的高等学府，也是最具声望的欧洲大学之一。笛卡尔、爱因斯坦、伦勃朗、斯宾诺莎等科学、文艺巨匠，16位诺贝尔奖得主，9位国家元首，10位荷兰领袖，都曾在这里求学或任教。莱顿大学人文艺术学院各专业排名长期位列世界前20位，其中，政治、国际关系和法律专业居欧洲大陆之首。此外，考古学、医学等专业也位居世界前列。

Libertatis Praesidium.
自由之棱堡。
——莱顿大学校训

丘吉尔签名

莱顿大学的学生顺利完成学业后，便会被允许进入主楼的毕业生签名室签名，这项传统从成立之初延续至今。在这里，我们还找到了英国前首相丘吉尔的签名。

莱顿大学接待室

该接待室用于接待各国王储和贵宾，陈列厅内展示着莱顿大学历史上的杰出人物雕像。

凡·高博物馆

后印象派画家凡·高是名副其实的荷兰名片，而拥有最多凡·高作品的地方就是坐落于阿姆斯特丹的凡·高博物馆。《黄房子》《吃土豆的人》《向日葵》《杏花开》《播种者》等 200 多幅凡·高黄金时期最珍贵的画作均展览于此。博物馆还收藏着凡·高数百件素描作品以及 700 多封书信，让人沉醉其中，流连忘返。博物馆的多语种导览器也是好用极了！

Van Gogh Museum
Amsterdam
Van Gogh Museum
Amsterdam
Nederlanders in Parijs

巴黎高等师范学院

Ecole Normale Superieure

教学楼走廊

巴黎高等师范学院几乎与法兰西共和国同龄，距今已有200多年的历史，其初始使命是培养“已受过实用知识训练的公民，使他们在各方面最有能力教授的指导下，学习教书的艺术”。巴黎高等师范学院规模不大，学生总数不到2000人，但在法国可谓家喻户晓。学校已为法国培养出无数杰出人才，存在主义先锋萨特、前总统蓬皮杜、文学家罗曼·罗兰都曾在这里学习，此外，巴黎高等师范学院还培养出13位诺贝尔奖得主。

崇尚自由的大学

与巴黎大部分大学一样，巴黎高等师范学院是典型的城市大学，没有校园、食堂和宿舍，学校和城市融为一体。自由、独立是法国人最崇尚的精神，巴黎的大学没有新生训练，没有毕业典礼，没有上下课铃，没有训导制度，上课时间过了十分钟还不见老师，学生们便可自由活动。这样的大学真可谓是独树一帜呀。

法国蓝带厨艺学院

Le Cordon Bleu

世界顶尖厨艺学校——法国蓝带厨艺学院创建于 1895 年，是全球第一所法餐与法式西点专业人才培养学校，主要课程包括西餐、西点和葡萄酒。巴黎总校的几十位授课老师都是各路名厨，多数为西餐与西点最高荣誉——蓝带勋章的获得者，接待我们的行政总厨埃瑞克更是法国过去几任总统的御用大厨！法国人对美食有一种莫名的崇拜，对每一道菜肴、糕点和甜品的精妙之处都能娓娓道来。

典型的蓝带课堂

左图中，名厨教授正站在操作台边向学生讲解边演示操作台的使用方法。师生们把佳肴的制作过程想象成创作一件艺术品，他们自豪地把厨师的操作台称为“钢琴”，坚信厨师都是艺术家，要用巧妙的双手“弹”出富有灵感的作品。

学生休息区

学院大楼里的布置充满了艺术的气息，各处都可以看到标准的“蓝带蓝”。

柏林音乐学院

Berlin Academy of Hanns Eisler Music

柏林汉斯·艾斯勒音乐学院成立于 1950 年，成立之初取名为德国音乐学院，1964 年改为现名柏林汉斯·艾斯勒音乐学院，以纪念著名作曲家汉斯·艾斯勒。我们一般将其简称为柏林音乐学院。

该学院拥有众多在国际上享有盛名的音乐家和教育家，保证了高质量的教育水准和一流的音乐文化氛围，吸引着世界各地热爱音乐的学子前来深造。除了经典的器乐演奏专业外，学院还开设声乐、音乐剧导演、指挥、作曲、爵士乐、流行乐等课程。柏林音乐学院与柏林音乐厅以及柏林爱乐乐团有紧密的合作，为学生们提供极其珍贵的学习、演出的平台和机会。

刻苦练琴的学生

学生表示，在此学习的最大感受是，自己的状态从“练技术”转变为“学音乐”。每一段乐曲的背后都是作者基于当时的时代背景和个人际遇进行的创作，学生不仅要专注于乐器演奏练习，更需要多花时间去阅读历史和文化书籍，去理解音乐作品的前世今生，只有这样，才能为观众带来富有生命力的演奏。

学院内部的小音乐厅

该音乐厅是校内音乐会及学生个人演奏会场地，设备一流，音响效果极佳，该校众多知名教授、演奏家曾在此进行音乐创作与表演。

学院里摆放的演出宣传册

柏林爱乐音乐厅

柏林爱乐乐团是当今世界古典乐坛当之无愧的领衔者，尤其擅长演绎德奥系作曲家的经典作品。这次来德国，我和几位同事来到柏林爱乐乐团主场音乐厅听了一场音乐会。音乐厅的音响效果让人震撼，听音乐会的德国人都严肃认真，即

使年近古稀的老人也个个身着正装，在两个小时的音乐会中正襟危坐、全神贯注，仪式感极强！据说德国总理默克尔和丈夫都很喜欢听音乐，尤其是瓦格纳的作品。音乐带给人们力量和平静，相信每一个热爱音乐的人都能从中获得心灵的慰藉。

柏林洪堡大学

Humboldt University of Berlin

柏林洪堡大学为世界百强名校，其前身是成立于1810年的柏林大学。柏林大学从创建之初就摆脱了传统教育的束缚，成为德国第一所新制大学，倡导“研究教学合一”，大学要以“知识为最终目标”，并因此被誉为“现代大学之母”。这所成立于1810年的公立大学是由德国著名教育改革家威廉·冯·洪堡创办的，大学的锐意改革使其成为19世纪的学术中心，吸引了大批的哲学家和科学家，孕育了29位诺贝尔奖得主。

柏林洪堡大学主教学楼，校园里最古老的教学楼

柏林洪堡大学图书馆

Universitas litterarum.
科学的本质。
——柏林洪堡大学校训

爱因斯坦曾经说过，我们唯一必须知道的东西，就是图书馆在哪里。走进柏林洪堡大学图书馆，我立刻被眼前的情景所震撼。“巨大的场馆和特定的设计让读者感觉似乎坐在苍穹下”（建筑设计师马克思·杜德乐语），读者仿佛成了舞台上的主人，四周的茫茫书海像是等待读者去挑战和征服的知识巅峰，而一层层错落有致的阅览室就像是攀登的台阶。

马克思名言墙

爱因斯坦、黑格尔、叔本华、费尔巴哈、马克思和恩格斯等人文与科学大家都曾经在柏林洪堡大学教书或学习。大学办公楼的墙上醒目地刻着马克思的一句名言（也是镌刻在马克思墓碑上的那句话）：“哲学家们只是用不同的方式解释世界，而问题在于改变世界。”

慕尼黑大学

Ludwig Maximilian University of Munich

慕尼黑大学位于德国南部巴伐利亚州首府、德国第三大城市慕尼黑，已有500多年的历史，自19世纪以来就是德国和欧洲最具声望的大学之一。在英国《泰晤士高等教育》(Times Higher Education，简称THE)世界大学2017～2018排名中，慕尼黑大学位列德国第一，世界第三十四位，生命科学、物理学、艺术及人文科学、临床医学及健康科学、商学及经济学专业为该校热门专业。慕尼黑大学人才辈出，共培养出30多位诺贝尔奖得主。

慕尼黑大学礼堂

主楼广场中散落的“传单”

走在慕尼黑大学主楼前的广场上，你会看见地上散落有几张残破的“纸片”，其实那些是做成纸页模样的地砖。这是为了纪念二战期间由索尔兄妹发起的反对纳粹的青年组织，他们印发了数千份传单，揭露纳粹的真面目，最终被逮捕并执行了死刑。

校园内公告栏

保时捷莱比锡工厂

很多人喜欢车，更喜欢跑车。穿越欧洲期间，我们在德国莱比锡小镇短暂停留，顺道参观了这里的保时捷工厂。保时捷车有两个生产厂，一个在斯图加特，一个在莱比锡。前者生产两门车，后者生产四门车。保时捷的 Macan、卡宴，以及 Panamera 都是在莱比锡厂下单、生产并销往世界各地。由于厂区不允许游客随身携带任何摄影摄像设备，大家的参观反而更加投入和专注。整个工厂的自动化程度极高，许多装配任务是由激光制导的机器人完成的，厂里看不到太多的工人，能看到的大部分工人都是负责质量把控的人员。

带我们参观的保时捷向导告诉我们，中国购买保时捷客户的平均年龄只有 35 岁（德国是 58 岁），并介绍说中国已超越美国，成为保时捷最大的消费国，占 25.8% 的市场份额。为什么保时捷在世界各地都受到老少车迷们的喜爱？参观时在保时捷工厂赛道上巧遇的赛车爱好者们给出了明确的答案，那就是“速度与激情”。

去过很多国家以后，思想会有什么转变？

朋友要去游学了，未来还打算出国学习。在去过很多国家以后，一个人的思想会有哪些转变呢？

在过去的几十年里，因为留学、工作、生活和旅游等缘故，我走访过不少国家和地区，除了五大洲还到过南极，其中在澳大利亚、英国和加拿大等国家逗留时间较长。走过了这么多地方，现在回头想想，变化最大的是我自己。

记得第一次出远门就是20世纪90年代到澳大利亚留学。去之前我对澳大利亚的印象大多来自书本、电影以及外籍老师的描述，去之后还是感受到了不小的文化冲击。这种冲击不仅表现在当地人不同的肤色和语言上，更多的是思想理念和价值观的不同。之后我又去英国工作，去加拿大定居，去美国见证新东方在纽交所上市等，每一次都会带给我不一样的体验。

没有想到的是，我这个平时不太喜欢出门的人，对外面的世界越来越好奇，脚步也越走越远，从家乡的小县城走到了国际大都市、非洲的大草原、加勒比海的岛国，甚至走到了南极的冰原。我看到的世界越来越大，感触也变得越来越复杂，所见所闻都给我的内心深处带来触动，或是疑惑，或是赞美，或是共鸣，或是启发，或是惊叹。所有这一切都在不断提醒我从不同的角度去观察世界，去思考问题，去理解不同的文化、宗教和社会意识形态。

俗话说，读万卷书，行万里路。毫不夸张地说，用自己的双脚去丈量这个世界确实是一种独特而无可替代的体验。看多了，经历多了，随着阅历的丰富和年龄的增加，自己的心胸会变得更加豁达，眼光会变得更加高远，思想会变得更加深刻和敏锐，整个人也会变得更加淡定、从容、自信而坚强。

巴塞罗那大学

University of Barcelona

巴塞罗那大学位于西班牙加泰罗尼亚自治区首府巴塞罗那，是西班牙最古老的著名高等学府之一，各学科实力较为均衡，有深厚的医学、语言学传统。此外，学校的考古学、哲学、艺术与设计化学、海洋科学等专业均位列世界前 100 位。

Libertas perfundet omnia luce.
自由光耀世界。
——巴塞罗那大学校训

米拉之家

位于巴塞罗那扩建区格拉西亚大道上的米拉之家是西班牙建筑师安东尼奥·高迪设计的最后一栋私宅。这栋6层高的建筑占地1323平方米，波浪形的外观、扭曲回绕的铁条构成的阳台栏杆、奇特的雕塑、宽大的窗户、高低错落的屋顶，极富创意和动感，浪漫的曲线充斥着从地面到天棚的各个角落。

当时的富豪米拉先生非常欣赏高迪为巴特洛先生设计的巴特洛公寓，希望他能为自己打造一栋无与伦比的住宅。米拉公寓于1906年动工，六年后完工，这个鬼斧神工般的建筑作品于1984年被联合国教科文组织认定为世界文化遗产。

如何利用碎片时间有效学习？

在这个节奏越来越快的社会里，人们的时间越来越碎片化，我们应该如何利用好碎片时间来有效学习呢？

我们大部分人当下的生活节奏都很快，工作压力也很大。如果想让自己的生活、工作和学习变得更加有序和高效，就需要我们管理好自己的时间，这其中就涉及如何利用好自己的碎片化时间。

我作为新东方的CEO，面对公司四万多名员工和老师，以及每年三百多万人次的培训，自然会有千头万绪的日常事务，做到工作、生活和学习的平衡对我也是一个挑战，于是我开始逼着自己利用碎片时间充电。

作为一名管理者，当然不希望自己落后，除了每天的杂务，我希望能尽量多看点书。没有整段的时间看长篇大论的管理书，我会在旅途中随身带上稻盛和夫的管理小书。稻盛和夫的文章短小精悍，几分钟就能看完一篇，文章讲述的道理却很深刻，值得反复琢磨。每天晚上回复完邮件上床时已经挺累，但并不一定马上能入睡，这时我会打开手机上的英语单词APP，复习几个单词或者看看每日一词，既是入睡前的放松，又是对英语知识的温习。有时兴趣上来我还会来一段英语配音，练练自己的发音和演讲技巧。

我还是一个摄影爱好者，但很难有专门的时间出去拍风光或人像，于是我就利用自己访问世界名校的工作之便去拍摄名校风采，力争工作爱好两不误。没想到这一坚持就是五年，居然有了不少的收获，还获得了周围同事的夸奖，这本《镜头里的世界名校》就是我这份爱好的成果。

其实，利用好碎片化时间是一个日积月累的过程，只要目标明确，方法适当，坚持为之，最后肯定会有所收获。

CHAPTER 6

欧洲

Europe

圣家堂

圣家族大教堂，又译作“神圣家族教堂”，简称“圣家堂”，也是西班牙天才建筑师高迪的作品，巴塞罗那地标性建筑。圣家堂被认为是20世纪世界上最重要的建筑之一，也是唯一一座未竣工就被评为世界文化遗产的建筑。

圣家族大教堂始建于1882年，高迪于1883年接手主持该工程。高迪将自己的晚年时光全部投入到了教堂的建设中，直至73岁（1926年）去世时，教堂仅完工了不到四分之一。圣家堂的三个立面被高迪分别赋予了“诞生”“受难”“荣耀”三大主题，教堂的东门是讲述耶稣基督诞生的故事，西门则描绘基督在耶路撒冷受难的过程，南门彰显上帝的荣耀。高迪在世时只完成了诞生门的建造，受难门于20世纪80年代末完成，而荣耀门至今还在建设中。预计于2026年，即高迪逝世的百年纪念之时，圣家堂将全部完工。

教堂的整体设计以大自然如洞穴、山脉、花草、动物等为灵感，整个教堂以螺旋、锥形、双曲线、抛物线等各种曲线变化组合。高迪曾经说过：“直线属于人类，而曲线归于上帝。”到过圣家堂的人无不惊叹于它的宏伟、迷幻与瑰丽，毫不夸张地说，这是一份超出人类想象的杰作。

瑞士莱蒙国际学校

Collège du Léman

瑞士莱蒙国际学校位于世界名城日内瓦城郊莱蒙湖畔，成立于 1960 年，是瑞士最大的私立贵族学校。该校提供幼儿园、小学、初中、高中的一站式教育，学历为世界各国所承认，目前拥有来自 120 多个国家的 2200 多名在校学生，像是一个小小的联合国。

学校以培养“有责任感、有环境意识、积极主动、有创造力和身心健康的学生”为目标，提供英语和法语双语授课，其全球教育网络资源和丰富的教学经验为学生创造了优越的学习环境。学校还充分利用地理环境优势，为学生开办一系列高水准的课外活动，包括骑马、登山、高尔夫、划船等运动。

学校图书馆里有六种语言的读物

毕业生献给母校的雕塑

学生宿舍

瑞士莱蒙国际学校提供走读和寄宿两种方式供学生选择，目前有 200 多名寄宿学生。通常两名学生共用一个房间，房间中配有生活和学习所需的家具和电器，每层宿舍楼内还有宽敞的公共活动区域，配有电视、图书、乐器等，供学生在此交流、娱乐、休闲，营造出家一般的温馨氛围。但最让我感动的还是学校寄宿部的老师们，他们发自内心地关心学生，关注来自不同国家学生的需求，留意孩子们的情绪变化，及时与学生、家长进行沟通，提供帮助。

洛桑酒店管理学院于 1893 年建校，是世界上历史最悠久、专业声誉最高的国际酒店管理人员培训院校，学院培养出来的中、高级管理人才深受世界各大酒店欢迎。据统计，当前全球 16 家大型酒店集团中有 9 家酒店集团的总裁或董事长是该校毕业生。

学院的国际酒店管理硕士项目很有特色，根据课程安排，三个学期的学业将分别在瑞士、美国、香港进行，以期学生能了解世界不同文化背景下的酒店管理方式，并通过了解当地文化探究客户的不同需求。

洛桑酒店管理学院

Ecole Hoteliere de Lausanne

学校餐厅

国际化的学生构成

目前学校共有2800余名学员，其中三分之二是国际学生。他们来自一百多个不同的国家，个个西装革履，温文尔雅，仪态大方，举手投足和谈笑间充满了自信和优雅。

洛桑联邦理工学院

École Polytechnique Fédérale de Lausanne

洛桑联邦理工学院成立于 1969 年，是一所全球闻名的理工院校，在工程科技领域享有极高的声望。学校位于瑞士的法语区，与德语区的苏黎世联邦理工学院是姊妹院校，两所院校以及相应的研究机构共同组成了瑞士联邦理工学院，直接由联邦政府管理。

学院劳力士学习中心

与巴赫合影

国际奥委会总部位于瑞士洛桑，靠近莱蒙湖，风景秀丽。我们去往洛桑联邦理工的路上，巧遇当地正在举办市民跑步健身活动，而国际奥委会主席托马斯·巴赫为比赛鸣枪。我们不由得感叹，这个活动规格真是高，居然请到巴赫来鸣枪，也许是因为巴赫的办公室就在附近吧！

米兰布雷拉美术学院

Accademia di Belle Arti di Brera

校园建筑颇具罗马风格

学院走廊边的狮子雕塑

米兰布雷拉美术学院是由奥地利女王玛丽娅·特蕾莎于 1776 年创建的，是意大利最高级别的高等艺术院校，也代表着意大利当今艺术教育领域的最高水平。有众多艺术大师、著名设计师、文学家和舞台美术家毕业于该学院，如诺贝尔文学奖得主达里奥·福、空间主义创始人卢齐欧·封塔纳、奥斯卡最佳布景奖得主强尼·夸兰塔等。

布雷拉美术馆

现任米兰布雷拉美术学院院长博尼尼先生对我们说："美院的楼上就是世界闻名的布雷拉美术馆，它原来就是美院的一部分，是我们的女儿，但是孩子长大了总要离开父母的。"话语间流露出几分自豪，又带着几分伤感。布雷拉美术馆内的藏品确实令人啧啧称赞，有大量15至18世纪的伦巴第派和威尼斯派的作品，其中就有拉斐尔的《圣母的婚礼》、提香的《忏悔的圣杰罗拉莫》以及镇馆之宝海耶兹的《吻》等。

离开院长办公室的时候，我发现他秘书的办公室里居然都挂着两幅名画原作，真是不可思议。陪同参观的老师和我们道别时特别补充说："其实美院里最牛的是我们的教室管理员，他们到时间就要来教室赶人关门，学生和教授经常会把自己课堂上的作品忘在教室里，这些作品自然就成了管理员的囊中物。历史上有不少作品就这样流出去了，其中就有价值不菲的名画！"

博洛尼亚大学

University of Bologna

博洛尼亚大学是公认的西方最古老的大学，诞生于1088年，至今已有900多年的历史，被称作世界“大学之母”，与巴黎大学（法国）、牛津大学（英国）和萨拉曼卡大学（西班牙）并称欧洲四大名校，但丁、彼得拉克、伽利略、哥白尼都曾在这里学习。博洛尼亚大学拥有雄厚的师资力量，教学设施也十分先进，目前有超过十万名注册在校生，是意大利学生人数最多的大学之一。

Petrus ubique pater legum Bononia mater.
圣彼得是世界之父，博洛尼亚是法律之母。
——博洛尼亚大学校训

世界第一个解剖教室

这间由安东尼奥·莱万蒂主持修建的解剖教室（Anatomy Theatre）是世界上第一个解剖教室。整个教室内部用木头装饰，墙上的雕塑都是古代和博洛尼亚大学的名医，教授座位上方的神龛由两座展示人体肌肉的塑像托举着。在16世纪仍处于天主教严格控制下的欧洲，解剖人体这种亵渎神灵的行为是被严格禁止的，而作为“大学之母”的博洛尼亚大学则可以在神职人员的监督下，由医学院教授向学生展示实际的解剖过程。在这里进行的解剖实验奠定了当代医学的基础。

阿奇吉纳西欧宫方庭

学校第一个固定校址是建于1563年的阿奇吉纳西欧宫（Archiginnasio Palace），目的是把分散在城市各处的所有学科，包括法学、艺术学、哲学、数学、物理、医学、自然科学等集中到一个地点。阿奇吉纳西欧宫呈口字形，两层建筑内设有教室、教堂、大厅及解剖室等。阿奇吉纳西欧宫最让人印象深刻的是大厅、拱门、回廊及楼梯口无处不在的精美装饰，这些装饰的主要内容都是大学终身教授的题词和纪念碑，周围是成千上万的学生徽章和签名。

教学楼内部的雕像和绘画

莫斯科大学

Moscow State University

莫斯科大学至今已有 260 多年的历史，无论从学术水平还是从学校影响力来看，莫斯科大学在俄罗斯都是当之无愧的全国第一。该校拥有全俄罗斯最大的大学校园，主楼于 20 世纪 50 年代建造，是斯大林统治时期留下的历史遗产。

莫斯科大学培养过 13 名诺贝尔奖获得者，许多俄罗斯政界、商界、学术界的领袖都毕业于此，作家契诃夫、苏联领导人戈尔巴乔夫都是该校毕业生。

莫斯科大学主楼

Science is clear learning of truth and enlightenment of mind.

科学是对真理的清楚认识和心灵的启示。

——莫斯科大学校训

莫斯科大学礼堂

莫斯科大学气势恢宏，建筑都很结实沉重。带我参观的老师指着学校大礼堂的柱子说："它们可以承受半顿重的炸弹。"1957 年 11 月 17 日，毛主席就是在这个礼堂会见了中国留学生。那天，同学们一大早就去占座，到中午时礼堂已经水泄不通。下午六点，毛主席终于出现，同学们顿时沸腾了，欢呼声和掌声响彻整个礼堂。毛主席发表讲话中说："世界是你们的，也是我们的，但归根结底是你们的。"好多同学听不懂湖南话的"世界"两个字，毛主席便用英语说："世界就是 world。"那时懂英语的同学还很少，好多人越听越糊涂。毛主席又问一边的大使："'世界'用俄文怎么说？"大使回答："米尔。"于是毛主席接着说："米尔是你们的。"60 年过去了，战争的阴影似乎并没有离我们远去。看着那一排排粗大的柱子，我不禁想问，"米尔"到底是谁的？

莫斯科街头的战车与少女

第一次到莫斯科还有点不适应，过一个空荡荡的海关居然等了一个多小时，在莫斯科进出许多场所都有繁琐的身份确认手续，就连莫斯科大学也不让随便参观。街头巷尾时不时能看到战争风格的宣传画和标语，雕塑也尽是工农兵联合起来的形象，到处弥漫着革命的气息。克里姆林宫至今陈列着俄罗斯人在几次战役中缴获的战利品，似乎在向全世界宣告：俄罗斯战无不胜，所向披靡。我不知道这是刻意的选择还是被迫的无奈，不过现实中却是另一番景象，地铁里人们都在读书，美术馆人头攒动，花摊前排着长队，这些无一不在说明，人们渴望和平的生活。我在途中看见一位俄罗斯少女正在好奇地抚摸着街头的一辆战车，也许这是她生命里第一次接触战车，她或许还不知道战车的无情和冷酷，还不知道没有战车的生活是多么难能可贵。

丹麦哥本哈根的小美人鱼雕塑

荷兰街头的自行车

名校探访团队成员“乱入”哥本哈根大学新生派对

我们在巴黎卢浮宫前

荷兰风车村木鞋博物馆

丹麦哥本哈根大理石教堂

荷兰风车村

名校探访团队在德国柏林墙前

德国天鹅堡湖

法国巴黎埃菲尔铁塔

CHAPTER 7 第七章

亚洲

2017 年 9 月，
探寻亚洲名校之旅。
在相近的地缘文化中，
邂逅令人惊叹的教育传奇。

近年来，以日本、韩国、新加坡以及中国香港为留学目标地的亚洲留学异军突起，成为许多中国学生的选择。选择这些地方，不仅因为其较高的性价比，更因为它们拥有世界领先的高品质教育资源和优势专业。首先，亚洲国家的很多大学早已跻身世界名校之列；此外，一系列特色专业在全球范围都很有影响力，如日本的动漫、城市规划专业，韩国的汽车、电子、服装设计专业，新加坡的金融、物流、音乐、传媒专业等。

扫描二维码
观看探寻亚洲名校之旅纪录片

日本金阁寺

东京大学

University of Tokyo

安田讲堂，东京大学标志性建筑，许多学术会议和讲座在这里举行。

作为日本最高学术殿堂，成立于1877年的东京大学是一所世界级研究型综合大学，社会科学系和自然科学系的研究水平比较均衡。学校共有29个专业位列世界大学专业排名前50位，其中文学、医学、法学、经济学等更是实力雄厚。该校毕业生活跃在日本政治、经济、法律、医学、科技领域，从这里走出了大批学术名家、工商巨子和政界精英，包括9名诺贝尔奖得主和16位日本首相。

校内很多建筑建于大正年间（1912～1926），带有浓厚的西洋风格，如上图中的拱廊。

赤门

东京大学本乡校区的赤门是日本唯一留存下来的御守殿门，建于文政十年（1827年），已有190多年的历史，是日本重要的文化遗产。在日本报刊杂志中，“跨入赤门”就是指被东京大学录取。

早稻田大学

Waseda University

伴随着“学问要独立”的宣言声，日本前首相大隈重信于1882年在东京创立了早稻田大学。经过一百多年的发展，学校已经成为一所享有国际声誉的综合性私立大学。学校的开放态度成为其鲜明特色，不设校门与围墙，践行着“不拒绝想学习之人的开放大学”的建校精神；在国际交流方面，早稻田大学是日本院校的先锋，很多学生都有到国外交换学习的经历。此外，早稻田大学重视中国研究，学科完备，师资优良，已成为日本的中国研究中心。

商学院信息栏

早稻田大学商学院教学与科研实力雄厚。索尼、卡西欧、三星、东芝、松下、三洋等众多知名公司的创始人及社长皆毕业于此。

大隈讲堂钟楼

大隈讲堂是为了纪念早稻田大学创立人大隈重信而建的，多位国际政要曾在此演讲。该建筑中蕴含了很多细节，如钟楼的125英尺（38.1米）的高度，是由大隈重信的“人生125岁”论说而定的。

CHAPTER 7

亚洲

Asia

学校经营学院前悬挂的各国国旗

汉阳大学

Hanyang University

汉阳大学位于韩国首尔，建校于1939年，是一所在理工大学的基础上发展而来的综合大学，有“韩国麻省理工学院”之称。学校汽车制造、机械工学、建筑工学、计算机软件、新闻学、金融学等专业优势突出。此外，汉阳大学影视表演专业实力突出，韩国影视明星李英爱、张根硕等都毕业于此。

郑梦九汽车研究中心

上图为现代汽车集团董事长郑梦九为汉阳大学捐赠的汽车研究中心。该校也因向汽车行业输送大量人才而被称为“韩国的汽车工厂”。

延世大学

Yonsei University

延世大学创立于 1885 年，经过 100 多年的发展，已经成为韩国顶尖私立高等学府，并与首尔大学、高丽大学并称为韩国大学的“一片天”（S.K.Y.）。该校医学、化学、电气电子工学、建筑、经营等专业名列前茅，入学竞争极为激烈。

延世大学本馆

延世大学的校园环境宁静优美：春天是一片樱花的海洋，夏天可以躲进山水间乘凉，秋天则可以欣赏满园金黄银杏叶，冬天可以登校园后山赏雪景。

学生身后横幅上的文字为：坚定步伐，全力冲刺！

学校正门

新加坡国立大学

National University of Singapore

新加坡国立大学是新加坡首屈一指的世界顶尖大学，为亚洲大学联盟、国际研究型大学联盟、Universitas 21 大学联盟成员，在工程、生命科学、生物医学、社会科学及自然科学等领域的研究享有盛名。该校毕业生活跃在新加坡经济、社会、生活的各个领域，其中对新加坡政治的贡献尤为耀眼。学校有“亚洲政治家摇篮”的称号，新加坡第二任总理吴作栋，第二任总统本杰明·亨利·薛尔思，第六任总统塞拉潘·纳丹，第七任总统陈庆炎，世界卫生组织（WHO）总干事陈冯富珍，马来西亚前总理马哈迪·莫哈未、阿卜杜勒·拉扎克都曾是该校学生。

杨秀桃音乐学院

这是新加坡第一所音乐学院，2001 年同美国约翰霍普金斯大学皮博迪音乐学院合作建立。2003 年，为纪念音乐系教授杨路林博士及其女儿杨秀桃对音乐事业的贡献，学院以杨秀桃命名。学院旨在培养独特和强大的亚洲声音，让世界聆听。

李光前自然历史博物馆

这是新加坡国立大学肯特岭校区的自然历史博物馆，2015 年 4 月正式向公众开放。博物馆耗资 4600 万新元，收藏了 56 万件动植物标本。李光前生前是世界十大华人富商之一，也是一位杰出的教育家和慈善家。1962 年，他被聘请为新加坡大学首任名誉校长（1980 年，新加坡大学和南洋大学合并为新加坡国立大学）。这座自然历史博物馆也以李光前的名字命名。

百年来，中国留学生们选择远离家乡、负笈海外，

这些决定和行为背后的核心理念始终没有改变，

那就是“读书改变命运”。

《镜头里的世界名校》终于要和大家见面了，现在我把这本书的来龙去脉对读者做一个说明。首先要声明的是，我不是专业摄影师，摄影纯属自己的业余爱好。1996年第一次出国去澳大利亚留学，看到不少异域风情，遇到不少有趣的人和事，就有了把这些难忘瞬间记录下来的念头。那一年，我入手了第一台胶片单反相机，摄影这个爱好也一直保持到了今天。这期间我换过不少相机，从胶片机、卡片机、全画幅、中画幅，到现在的数码相机，但不论什么时候，手边总有一台相机，随时记录生活中的点点滴滴。

2013年，我发起的“探寻世界名校之旅”活动让我有机会亲临许多世界名校，所见所闻无不引人思考，给人启发。于是，我决定聚焦我的镜头，把我目睹的这些校园生活真实地记录下来。五年过去了，我带着团队完成了美国、英国、澳大利亚、加拿大、新西兰等近20个国家的穿越，行程十几万公里，走访了百余所世界名校，采访了数百位留学生和大学教授，我也因此积累了不少文字、图片以及视频素材。同时，建立在这些素材基础上的《世界名校启示录》公益巡讲也在全国各地引起了强烈的反响，让我备受鼓舞。

今天，同事谷田和大愚的编辑帮我精选了其中具有代表性的部分文字和图片，编选成册，并在书中用二维码链接我们探访世界名校期间的采访视频，立体地呈现给读者。我在此要特别感谢他们。同时，书中有个别图片由同事和校方提供，我也在此一并致谢。随着数码相机的普及，我们身边的摄影师并不少，拍摄的题材也很丰富，但是专心去拍摄世界名校的人寥寥无几，《镜头里的世界名校》也算是抛砖引玉。希望读者能够透过我的镜头，感受到这些世界名校的坚守与追求，获得前行的勇气和力量！

周成刚

2018年1月6日于北京

图书在版编目(CIP)数据

镜头里的世界名校 / 周成刚著. -- 北京：北京语言大学出版社, 2018.2
ISBN 978-7-5619-5173-6

Ⅰ. ①镜… Ⅱ. ①周… Ⅲ. ①高等学校—概况—世界—图集 Ⅳ. ①G649.1-64

中国版本图书馆CIP数据核字（2018）第021220号

书　　名：镜头里的世界名校
JINGTOU LI DE SHIJIE MINGXIAO
著　　者：周成刚
责任编辑：孙冠群　王和平
封面设计：黄　蕊
版式设计：黄　蕊　张君玲

出版发行：北京语言大学出版社
社　　址：北京市海淀区学院路15号　邮政编码：100083
网　　站：www.blcup.com
电　　话：发行部　（010）62605588 / 5128
编辑部　（010）62418641
邮购电话　（010）62605127
读者服务信箱　dywh@xdf.cn
印　　刷：北京雅昌艺术印刷有限公司
经　　销：全国新华书店

版　　次：2018年2月第1版　2018年7月第4次印刷
开　　本：787毫米×1092毫米　1/16　印张：21.75
字　　数：211千
书　　号：ISBN 978-7-5619-5173-6
定　　价：88.00元